Frank Goldammer

DREISSIG GRÜNDE, MIT DEN HAAREN ZU KNIRSCHEN UND SICH DIE ZÄHNE ZU RAUFEN

Alltagssatire

INHALTSVERZEICHNIS

Frank Goldammer

DREISSIG GRÜNDE, MIT DEN HAAREN ZU KNIRSCHEN UND SICH DIE ZÄHNE ZU RAUFEN

Alltagssatire

IMPRESSUM

ZWIEBOOK – DA HAB ICH BOCK DRAUF!
1. Auflage: September 2015

© zwiebook (Ein Imprint des Dresdner Buchverlages)
Weimarische Str. 7
01127 Dresden
www.zwiebook.de • kontakt@zwiebook.de

Urheberrecht an den Texten: Frank Goldammer
Cover/Layout: Jörg Hausmann • www.heizfrosch-werbung.de
Satz: zwiebook
Druck und Bindung: UAB BALTO Print

I S B N : 9 7 8 - 3 - 9 4 3 4 5 1 - 2 0 - 7

DAS HEILIGE GRÜN

Ruhig hier, was? Viel zu still, oder? Langweilig könnte man sagen. Diese Sonntage – furchtbar, oder? Gehen wir zum Fußballplatz, da wird wenigstens gebrüllt. Außerdem hat der Große ein Spiel. Vielleicht schießt er ja ein Tor.

So, was ist hier los? Ach, die A-Jugend hat ein Spiel. Wie steht's? Drei zu null. Gerade erst angefangen? Na, das kann ja heiter werden für den Gegner.

Ich drehe erst einmal eine Runde um den Platz, damit die Kleinen Auslauf bekommen. Nein, nicht auf das Feld! Ja, da! Geh an den leeren Flaschen vorbei! Nein, nicht anfassen! Okay, zu spät ... Nein, nicht in den Mund! Gut, was uns nicht umbringt, macht uns stark.

So, die Runde ist geschafft. Ohne Verletzungen. Der Kleine hat ein Eis in der Hand. Woher er das hat, weiß ich nicht, es könnte aber erklären, warum das Mädchen da drüben so herzzerreißend flennt.

Wie steht's jetzt? Vier zu zwei? Vielleicht sollte ich doch mal hinsehen, scheint interessant zu werden.

Okay, was läuft hier? Beginnen wir mit der Analyse: Der Sturm funktioniert, sie erarbeiten sich ihre Chancen, verwandeln ab und zu auch eine. Mittelfeld hält alles unter Kontrolle, alles klar, aber die Abwehr, die ist übel. Und was ... was ist denn das? Der Torwart! Was schreit der die ganze Zeit? Ich dachte, das wäre der Trainer. Der aber steht still. Ist der eingepennt oder hat der irgendeine telepathische Verbindung zum Torwart aufgenommen und flüstert ihm ein, was er sagen soll?

„Rangehen! Zumachen! Gut so! Flanken! Lücken schließen, hopp, hopp! Holt sich mal einer den Ball? Würdet ihr
bitte zurückkommen? Den hättest du reinmachen müssen!"

Es ist eine Wonne, dem schmalen Burschen zuzuhören, es
könnte ewig so weitergehen. Aber was ist jetzt? Ein Gegen-
angriff, die Abwehr überrannt, aber der Abschluss ist schlecht.
Der Schuss völlig verrissen und schwach. Unser Torwart
springt, greift zu – und der Ball ist drin. Vier zu drei.

Verlegen greift der Bursche ins Netz, schimpft mit sich
selbst, wirft den Ball in die Mitte.

Keine fünf Sekunden verharrt er in Demut, dann reißt er
das Maul wieder auf: „Los, Jungs, ran jetzt! Macht das klar
da vorne! Hol dir den Ball zurück! Raus da, raus! Ihr sollt
abspielen! Keine hohen Bälle!"

Tor! Fünf zu drei. Das schien einfach zu sein. Alle jubeln,
nur der Trainer der gegnerischen Mannschaft freut sich
nicht. Keinen Sportsgeist, der Mann.

„Haste gut gemacht!", schreit unser Torwart, der der
Jüngste von allen zu sein scheint. Und der am wenigsten
Intelligente – soweit ich das aus dieser Entfernung ein-
schätzen kann – hebt den Daumen.

Und nun – der Gegner hat Anstoß, bleibt am Ball, eine
läppische Flanke. Der Stürmer bekommt zuerst den Ball,
nun stolpert er jedoch, überschlägt sich, touchiert die Ku-
gel mit irgendeinem legalen Körperteil, der Ball kullert
und unser Torwart muss ihn nur aufheben.

Nanu, ist er etwa drin? Wieder schreien und fluchen
alle – am meisten aber der Torwart, der weiß, dass es allein seine Schuld war. Dämlicher Hund, wenn er so reden
würde, wie er Bälle fängt, wäre er stumm. Und genau das
wünschte ich mir jetzt, denn kaum ist Anstoß, geht es von

vorne los. „Los jetzt, Leute! Gebt mal ein bisschen Gas da vorn!", schreit er und ich wundere mich, warum ihn keiner verprügelt. Jetzt mal im Ernst, *ich* hätte ihn verprügelt.

Ich trolle mich – besser gesagt, die Kleinen. Denen ist langweilig, die verstehen nicht, was so wichtig daran ist, den Ball ins gegnerische Tor zu schießen. Die sind ja auch noch klein und dumm. Durst haben sie jetzt und ich gehe mit ihnen zum Kiosk, kaufe Saft und Pommes, die sind echt gut hier und nicht teuer. Ich schätze, der Koch spuckt in die Mayo, wenn er sie anrührt.

Langsam füllt sich der Platz. D-, E- und F-Jugend haben bald Spiel. Massen von Eltern und jüngeren Geschwistern trudeln ein. Hoffentlich nehme ich die richtigen Kinder mit nach Hause.

Alle lachen und erzählen sich sonst was, begrüßen sich, als würden sie sich schon seit zehn Jahren kennen, und überlegen, wer mit wem noch nicht die Frau getauscht hat. Auch ansonsten ist lustig was los, vor allem der Typ da vorn mit der Bierflasche. Hat keine Zähne mehr im Mund und auch sonst macht sein Äußeres wenig her. Trotzdem reden alle mit ihm, anstatt ihn verhaften zu lassen oder wenigstens zusammenzuschlagen. Säße der auf der Prager Straße, würden alle einen großen Bogen um ihn machen. Doch hier? Jeder, wirklich jeder Neuankömmling grüßt ihn. Mich dagegen sieht man nur schräg an. Bin zu selten hier, denke ich, und vor allem bin ich offenbar der Einzige, der über den erbärmlichen Torwart lacht.

Endlich ist das Spiel zu Ende. Unsere haben gewonnen. Acht zu sechs, höre ich – ohne Torwart hätten sie wahrscheinlich acht zu null gespielt. Was soll's? Alle scheinen zufrieden zu sein. Ich hätte den Typen in der Elbe versenkt.

Nun kommen die Jüngeren raus. Lustig anzusehen, die ganz Kleinen. Die Hosen hängen über den Knien. Die Trikots sind ebenfalls viel zu groß. Doch an Ehrgeiz mangelt es niemandem. Sie rennen und kämpfen, sie fluchen und schreien den Schiedsrichter an, auch wenn sie dafür vom Trainer zurechtgewiesen werden. Aber mal im Ernst: Der Schiedsrichter wird wirklich von jedem angeschrien. Von den Spielern auf dem Feld, vom Trainer gelegentlich – und sogar von den Zuschauern, welche ja allesamt Mütter und Väter der Spieler sind. Was wird da geflucht und gebrüllt und geschimpft! Welcher masochistische Zwang treibt einen Mann, sich freiwillig so etwas anzutun?

Den Eltern der Kleinen darf man auch sonst nicht in die Quere kommen. Geschweige denn, sich über ihr Kind lustig machen. Oder sogar lauthals lachen, wenn es sich das Bein bricht. Die brüllen sich die Seele aus dem Leib, schreien, ihr Sohn solle rangehen oder rennen oder zurückfallen. Dann machen sie ihn nieder und bauen ihn zehn Sekunden später mit einem „Kopf hoch!" wieder auf. Sie beschimpfen den Trainer, weil er ihr Kind auswechselt und dafür eines einwechselt, das wirklich nichts bringt und nur mitspielen soll, damit es auch ein bisschen stolz sein kann, weil seine Eltern ebenfalls draußen am Spielfeldrand stehen. Ehrlich mal, Trainer, wir sind zum Siegen hier und nicht, damit jeder seinen Spaß hat! Sie beschimpfen die Kinder der gegnerischen Mannschaft und klatschen sich ab, wenn ihr Zwerg ein Tor geschossen hat. Es scheint fast, als wäre denen der Sieg wichtiger als ihrem Kind.

Wenn ich meinen Großen frage, wie er gespielt hat, zuckt er meist die Schultern. Manchmal weiß er nicht einmal, ob sie gewonnen oder verloren haben. Vielleicht fehlt ihm ein Teil in seinem Erbgut, der auch mir fehlt, nämlich der Teil, der den Sinn solcher sportlichen Aktivitäten versteht. Ich mag Sport, aber ich weiß zu verlieren. Mir geht es nur um den Spaß, auch wenn mir das keiner glaubt. Wenn man sich zu sehr auf das Gewinnen versteift, ärgert man sich meist bloß – und selbst wenn man gewinnt, weiß man doch, dass es irgendwo einen gibt, der es noch besser kann. Das weiß man doch, oder?

Ich ziehe mich langsam zurück aus diesem wunderlichen Lebensraum. Die Spiele sind zu Ende, ich muss nur noch das große verschwitzte Kind einsammeln und nachsehen, ob er alles eingepackt hat.

Wie er gespielt hat, weiß er mal wieder nicht. Und ich hab es auch vergessen – schließlich liefen drei Kleinfeldspiele gleichzeitig auf dem Platz und zweimal musste der Rettungswagen kommen. Jetzt rückt auch schon die erste Mannschaft an und mit ihr die alten Herren. Seltsam, diese Mischung aus Berufsgruppen und Bevölkerungsschichten! Alle begrüßen sich wie dicke Kumpels und sehen mich schräg an, weil ich keine große Sporttasche mit mir herumschleppe und auch nicht rauche.

Ich kehre nun zurück in die reale Welt, in der großmäulige Spinner, die nichts können, verprügelt werden. In eine Welt, in der jeder seinen ordnungsgemäß zugeteilten Platz hat, wo der Anwalt nicht mit dem Fensterputzer spricht. In eine Welt, in der man einen großen Bogen um zahnlose Penner macht. Einen ganzen Tag lang habe ich mich über euch lustig gemacht, jetzt weiß ich nicht mehr, ob ich lachen oder weinen soll ...

DER GROSSE BLUFF

Da ich mit offenen Augen durchs Leben gehe, fällt mir auch ständig etwas auf. Dieses Mal hat es ein wenig länger gedauert, bis mir Folgendes auffiel … Mehr als zwanzig Jahre übrigens. Und es war gar nicht leicht, darauf zu stoßen. Und ehrlich gesagt, hoffe ich, dass ich Ihnen jetzt nicht den Rest Ihres Lebens verderbe, indem Sie in Lethargie und Gleichgültigkeit verfallen. Begreifen Sie Folgendes bitte als Chance, ehe Sie mich verklagen oder selbst tiefste Depressionen bekommen. Ich selbst empfand die Erkenntnis als wirklich befreiend, nachdem ich erst einmal so weit gekommen war, es zu akzeptieren. Und bevor ich nun selbst vergesse, was ich so Wichtiges schreiben wollte, fange ich mal lieber an.

Alles ist nur ein großer Bluff!

Das soll natürlich nicht bedeuten, dass wir matrix-mäßig an irgendwelche Computer gekoppelt sind und uns alles nur einbilden. Worauf ich mich beziehe, ist das, was uns geboten wird, um uns angeblich zu unterhalten oder uns das Leben zu erleichtern. Das klingt jetzt nicht weiter dramatisch, bis man sich der Konsequenzen wirklich gewahr wird.

Dass die Werbung alles ein wenig aufbauscht, ist uns wohl allen klar (obwohl ich mir jetzt, da ich es geschrieben sehe, gar nicht mehr so sicher bin, ob das wirklich allen klar ist). Dass man Veranstaltungen mit großem Klimbim ankündigt, ist auch klar, jeder versucht auf sich aufmerksam zu machen. Doch wenn man alles ein wenig genauer betrachtet und dabei eine gewisse Distanz bewahrt, sieht man den wirklichen großen Bluff.

Da wird zum Beispiel der Boxkampf des Jahrzehnts angekündigt – und auch wenn ich allen sage, dass es mir völlig egal ist, schalte ich den Fernseher ein und ziehe mir den Kampf rein. Und was hat der eine nicht gewettert, er würde den anderen zerfetzen, und der andere wollte das Großmaul abstrafen, worauf Ersterer wieder meinte, er würde seinem Gegner das Herz rausreißen.

Klar ist das nur Geschwafel, aber mal im Ernst: Es war nichts weiter als ein ganz normaler Boxkampf. Bis zum Ende. Zwölf Runden lang. Verstehen Sie? Selbst ich, abgeklärt, intelligent, sarkastisch bis hin zum Zynismus, hatte irgendwie erwartet, zwei Halbgötter würden aufeinander eindreschen und die Schockwellen das Publikum aus dem Saal fegen.

Genauso ein groß angekündigtes Fußball-Finale. Würde es einen nicht gerade selbst betreffen, wenn zum Beispiel die deutsche Nationalmannschaft spielt, wäre das Ganze nur ein ganz normales Fußballspiel. Und um ehrlich zu sein, ein sehr langweiliges noch dazu, denn die drei entscheidenden Szenen machen gerade ein Prozent der Spielzeit aus. Uns wird nur eingeredet, es wäre spannend wie sonst was. Genau wie uns noch nachher eingeredet wird, wir hätten den Boxkampf des Jahrhunderts gesehen. Mit objektivem Blick betrachtet, sind die spannenden Szenen so rar gesät, dass wir sie uns in zehnfacher Wiederholung ansehen müssen.

Die Formel 1 als nächstes Beispiel. Mit welchen Superlativen wird da geworben! Kampf der Giganten – die schnellsten Autos der Welt – Helden der Piste! Aber wie sieht es wirklich aus? Wenn da mal einer überholt, drehen die Reporter mit sich überschlagenden Stimmen fast durch. Und ich Rindvieh falle selbst immer wieder darauf herein. Dabei war ich schon mal live dabei (in Australien übrigens) – und selbst da fiel es mir auf. Nachdem ich mich erst einmal an das imposante Heulen der Motoren gewöhnt hatte, machte mir die heiße Sonne viel mehr zu schaffen, und hundertmal interessanter war der stockbesoffene Australier, der seine leere Bierbüchse allen Ernstes zu einer etwa einhundert Meter entfernt stehende Mülltonne bringen wollte, wofür er fast eine halbe Stunde brauchte und die Tonne dabei umkippte bei seinem Versuch, sich festzuhalten.

Doch leider ist das noch nicht alles. Ein Medium, das uns noch viel öfter und penetranter mit seinen Superlativen nervt und uns doch immer wieder enttäuscht, ist das Kino. Was hab ich mir nicht schon für Filme angesehen – und was habe ich mir nicht schon alles erhofft! Wie oft bin ich enttäuscht oder wenigstens nur mäßig unterhalten aus dem Kino gekommen. Selten wird man angenehm überrascht und war ein Film gut, dann ist es meist die Fortsetzung, die alles wieder zunichtemacht. Selbst mein heiß geliebtes *Star Wars* – und ich rede hier nur von den Teilen vier bis sechs – ist zugegebenermaßen regelrecht albern zwischendurch und beinahe sogar langweilig in manchen Passagen.

Was noch viel schlimmer ist, sind die Schauspieler. Nicht dass die allesamt schlecht wären. Nein, manche sind bestimmt ihre vierzig Millionen Dollar pro Film wert. Aber sehen wir sie uns an, ohne Maske, ohne Computerretusche, sie sehen aus wie ganz normale Vierzig- und Fünfzigjährige. Augenringe, Pickel, Hängebrüste, Falten und gelbe Zähne.

Von den noch viel penetranter angepriesenen TV-Events, wie es neudeutsch heißt, will ich hier gar nicht erst reden.

Noch keines, wirklich kein einziges, wäre es mir wert gewesen, am nächsten Tag auch nur ein Wort darüber fallen zu lassen. Zumindest keines, das sich ohne Weiteres abdrucken ließe ... Und auch das neueste Buch meines Lieblingsschriftstellers ist eigentlich nur eine Ansammlung von Wörtern, durch die ich mich hindurchbeiße und von der ich bis zum Schluss glaube, das Beste käme noch.

Immer wieder passiert das auch mit dem neuesten Album einer meiner Lieblingsbands. Ich weiß auch nicht recht, was man erwartet, aber man erwartet immer zu viel, glaube ich. Eingelullt vom vorauseilenden Lob der Medien und seinen eigenen Erwartungen. Dann rennt man in die Oper, von der es heißt, die haue einen um. Und *bum* – das tut sie auch. Wie eine Schlaftablette. Und dieser neue Theaterregisseur, der macht total verrückte Sachen, das muss man sich ansehen. Nackte Schauspielerinnen, die stundenlang in einem Wasserloch sitzen und sich anschreien. Natürlich auch eine Enttäuschung – erstens stinklangweilig wie jedes Theaterstück und zweitens waren es nur Schauspieler.

Und was ist mit meinem neuen Handy? Mal ganz davon abgesehen, dass das Benutzerprogramm verbessert wurde – was aber bloß heißt, irgendein bekiffter Programmierer hat einfach nur die Seiten verkehrt und erreichbare Einstellungsfelder irgendwo versteckt, wo man garantiert zuletzt sucht. Aber was kann man nicht alles machen mit dem teuren Ding! Filmen, fotografieren, Apps runterladen, sich fremde Städte ansehen, Preise im Supermarkt abfragen, Musik erkennen oder Tickets für ein Konzert buchen, Nägel einklopfen und Tumore verursachen. Und sogar telefonieren, falls ich das noch nicht aufgezählt haben sollte. Aber wissen Sie was? Nachdem man eine Stunde damit herumgespielt hat, stellt man fest, dass es eben doch nur ein Telefon ist, für das man siebenhundert Euro bezahlt hat.

Und das Konzert?

Ja, ich hab die Typen gesehen, etwa einhundert Meter entfernt. Ich habe mitgesungen und geklatscht und es war nicht schlecht – von den vier Stunden Wartezeit mal abgesehen, den überhöhten Preisen für Bier und Brezeln, der kurzen Auftrittszeit und den viel zu lauten Boxen, weshalb es jetzt in meinen Ohren pfeift.

Tja – und das letzte Stadtfest?

Voller Erwartungen fährt man in die Stadt und stellt fest, dass im Prinzip aus jeder Ecke laute Musik dröhnt und alles voller Fressbuden steht, in denen die Händler den ganzen Mist verkaufen, den sie übers Jahr nicht losgekriegt haben. Man läuft herum, amüsiert sich ein bisschen … na ja, bezahlt siebzehn Euro für ein Bier und das war es irgendwie, oder?

Auch der Friseur entpuppt sich in gewisser Weise als Bluff, selbst wenn er sich *Coiffeur* nennt. So gut wie in den ersten Stunden wird die neue Frisur nie wieder aussehen. Und zwar weil er seine Haargele und Haarsprays nicht aus dem Supermarkt bezieht wie wir, sondern direkt vom Straßenbau.

Und selbst das Fliegengitter aus dem Baumarkt, das garantiert dicht hält, unzerreißbar ist und fast unsichtbar, klebt nicht richtig am Rahmen, obwohl ich diesen mit Aceton so sehr geputzt habe, dass er weißer ist als der Arsch eines Eskimos.

Das Fazit also, welches ich daraus gezogen habe, lautet: Alles ist nur ein großer Bluff! Uns wird etwas vorgegaukelt. Uns wird weisgemacht, das wir sonst was erleben. Man verspricht uns nicht nur ein gutes Essen, sondern ein unvergleichliches Geschmackserlebnis. Man bietet uns nicht nur eine gut schmeckende Zigarette an, sondern die pure, die grenzenlose Freiheit. Und wir gehen nicht einfach nur zu einer Veranstaltung oder zu einem netten Unterhaltungsabend, nein, es ist *das* Event unseres Lebens, unvergesslich und unglaublich. Und weil man immer dazu neigt, sich selbst nicht eingestehen zu wollen, dass man in die Scheiße gelangt hat, erzählt man es auch noch weiter. Wie toll das Buch, der Film, die Party oder der Urlaub war, obwohl der nur aus Stress bestand, Warterei, unfreundlichem Personal und dreckigen Hotelzimmern. Man macht sich selbst etwas vor, beeinflusst von den Medien und von Menschen, die offenbar wirklich selbst glauben, was sie erzählen.

Mal im Ernst: Ich erzähle auch jedem, dass mein neuestes Buch total super ist, spannend bis zum Schluss, mit einem verblüffenden Plot und Tränen der Rührung zum Schluss. Aber natürlich weiß ich, dass das alles nicht stimmt. Bestenfalls sind meine Bücher durchschnittlich und einige habe ich auf besonders dünnem und weichem Papier drucken lassen, wenn Sie verstehen, was ich meine.

Nun denken Sie vielleicht: He, was soll das? Dieser Mistkerl raubt mir jegliche Illusion! Und plötzlich kommt mir mein Leben wie eine lange Kette durchschnittlicher Ereignisse vor. Aber nein, dankbar sollten Sie mir sein, wenn dieser Text Sie angerührt und nachdenklich gemacht hat. Denn das eigentliche Fazit, das über dem Fazit steht, macht alles wett, bringt es auf den Punkt und hat mein Leben insofern bereichert, dass meine Minderwertigkeitskomplexe vollkommen verschwunden sind. Denn es zeigt uns, dass Filmemacher, Schauspieler, Programmierer, Fußballstars, Musiker und Stadtfestorganisatoren doch nichts anderes sind als Menschen wie du und ich, auch wenn es manchmal schwer zu glauben ist – vor allem für die betreffenden Personen selbst. Ist es nicht eigentlich angenehm, einen Lionel Messi oder einen Christiano Ronaldo auf dem Fußballplatz versagen zu sehen? Oder zwei Riesenboxer, die erst Sprüche geklopft haben, um sich dann im Ring ganz offensichtlich ängstlich gegenüberzustehen, immer bedacht darauf, das jeweilige Gegenüber nicht zu treffen, weil der sich dadurch provoziert fühlen könnte? Und ist es nicht letztendlich irgendwie befriedigend, wenn ein bombastischer Film ein völlig hirnloses Ende bekommt, einfach weil schon jeder Plot geschrieben scheint und dem Drehbuchautor nicht Besseres eingefallen ist? Oder die Akkorde des neuesten Albums von *Coldplay*, die sich verdammt noch mal genau so anhören wie die auf dem letzten. Ist es nicht schön zu wissen, dass den Jungs nichts anderes eingefallen ist, als sich selbst zu kopieren?

Wir sollten uns nichts einreden lassen, darauf kommt es an. Wir sind alle nur Menschen. Niemand ist wirklich ein Held und wir sollten nicht so versessen darauf sein, aus anderen Menschen Helden zu machen. Schauspieler sind Leute, die vor der Kamera stehen und auswendig gelernte Texte aufsagen und sie hundertfach wiederholen, wenn es nötig ist. Fußballstars sind nicht anders als die Typen, die man jede Woche auf Tausenden Fußballplätzen sieht, mal haben sie einen guten Tag und meistens schlechte. Rennfahrer fahren letztendlich auch immer nur im Kreis und einer ist eben schneller als die anderen. Und wenn ein Musiker, den man mag, es immer wieder hinbekommt, ein paar hübsche Akkorde zu klimpern, können wir zufrieden sein. Das ist allemal besser, als wenn er sich totgesoffen hätte.

Wir brauchen keine Superlative, kein *Mega*, kein *Total* und kein *Super*. Wir brauchen …

Worauf wollte ich eigentlich hinaus?

Was weiß ich. Mir doch egal.

ENTSPANN DICH
JETZT GEFÄLLIGST!

Kennen Sie Bosch? Nein, nicht die Firma. Hieronymus meine ich. Hieronymus Bosch, den Renaissancemaler. Kennen Sie dessen Bilder von der Hölle? Diese nackten, unförmigen Körper, die sich in der Höllenhitze winden, die gegeißelt werden von seltsam maskierten Gestalten?

Manchmal sehe ich mir die Bilder an und Verzweiflung kommt in mir hoch. Dann denke ich, dass dieser Bosch vielleicht doch irgendwie eine Ahnung hatte. Nicht, dass ich Angst vor der Hölle hätte. Ich weiß schon längst, dass die nur erfunden wurde, um kleinen Kindern damit zu drohen, wenn sie nicht artig sind. Doch der Begriff „Hölle" kommt der Sache schon ganz nahe. Höllenqualen sind es, die ich auszustehen habe, wenn ich mal wieder zu einem Saunatag gezwungen werde ...

„Wellness" ist ja ein Begriff, der sich in unsere Sprachwelt eingeschlichen hat wie „Klimawandel" und „App". Wellness kann bedeuten, dass man den ganzen Tag in einem Spa verbringt oder sich nur mal ein paar Gurkenscheiben aufs Gesicht legt. Pure Wellness kann aus der Flasche kommen, auch wenn es nur nach Wasser schmeckt. Es gibt Wellness-Musik und Wellness-Kerzen und weil ich eigentlich keine Ahnung habe von dem Zeug und auch nichts mehr darüber wissen will, habe ich bestimmt die Hälfte vergessen. Wahrscheinlich gibt es auch noch Wellness-Kristalle und Wellness-Klingeltöne, was weiß ich. Darum geht es jetzt gar nicht. In dieser Geschichte geht es nicht darum, wie sich Leute fühlen, die gerne mal einen Wellnesstag einlegen. Es geht hier um Leute wie mich, die sich mehr oder weniger gezwungen fühlen, an solcherlei Aktionen teilzunehmen – und sei es nur um des Familienfriedens willen oder um nicht wie ein Feigling dazustehen.

Da schleppt mich doch meine Liebste in ein weit entferntes Freizeitbad, nachdem wir unsere Kinder abgegeben haben, und bietet mir sogar noch an zu fahren – und im Nachhinein weiß ich auch, warum.

An der Kasse im Bad, welches sich „Therme" nennt, sagt sie ihren Namen und alles läuft reibungslos, weil vorbestellt. Zum ersten Mal werde ich misstrauisch, als ich – außer einem kleinen roten Band – noch ein schwarzes an mein Handgelenk gebunden bekomme.

„Das ist für den …", sagte die Frau an der Kasse.

„HÄÄÄKRÄÄÄ!", beginnt meine Süße zu husten und ich klopfe ihr sacht auf den Rücken und werfe der Kassiererin entschuldigende Blicke zu. Nun gehen wir uns umziehen. Der Autoschlüssel landet in ihrem Spind. Das war der Trick.

Endlich geht's ab ins Bad, denke ich – und da ist es auch schon.

Ich weiß nicht, wenn ich in ein Bad komme, werde ich immer wieder zu einem kleinen Jungen. Da möchte ich am liebsten loslaufen und blindlings irgendwo ins Wasser klatschen. Ich will zur Rutsche, will auf den Turm, will fremde Leute vollspritzen und kleine Kinder ins Becken schubsen. Ich tue nichts von alledem, aber ich fühle mich so. Stattdessen stolziere ich so pietätvoll, wie es in Bermudashorts und Badelatschen eben geht, ums Becken herum, suche uns eine seichte Stelle zum Einsteigen und sinke genüsslich ins pisswarme Wasser. So hänge ich erst einmal eine Weile rum und checke die Lage. Wäre ich mit ein paar Jungs hier, würde ich mich wahrscheinlich anders verhalten (siehe oben). Da ich aber die Lage checke, sehe ich einiges an Elend, und es vergeht ein wenig Zeit, in der wir uns gegenseitig anstupsen, um den anderen auf irgendetwas aufmerksam zu machen – sei es auf eine ganz besondere Dorfschönheit oder ein wirklich dickes Exemplar der Gattung Mensch.

Natürlich bin ich mir meiner eigenen Unzulänglichkeiten sehr bewusst, doch diese liegen unter einem muskelbepackten Körper versteckt und werden von einem eiskalten Verstand beschützt.

Nachdem wir also eine Weile die Lage gepeilt haben, schwimmen wir ein bissel rum. Dann gehen wir zur Rutsche. Das fetzt. Anschließend hau ich mich mit einem Kopfsprung vom Fünfer und tue so, als mache mir der Bauchklatscher nichts aus, auch wenn es sich anfühlt, als hätte ich gerade ein Kind durch den Nabel entbunden. Natürlich bemerke ich die lüsternen Blick der weiblichen Teenager, die an mir hängen, da ich aber mit meiner Liebsten hier bin, beschränke ich mich darauf, heimlich auf Titten und Ärsche zu glotzen, anstatt Telefonnummern einzusammeln.

Nach einer Weile bietet mir meine Süße an, etwas essen zu gehen – und eigentlich sollte mich das misstrauisch machen. Aber ich hab Hunger und pfeif mir gern was rein, schließlich ist es kostenlos. Nein, sicher nicht, aber bezahlt wird erst nachher am Ausgang, und das ist mir in diesem Moment egal.

Wir laufen eine Runde ums Becken und ich denke noch so, dass der Anteil junger, hübscher Menschen doch erstaunlich hoch ist – und plötzlich stehe ich vor einer Tür.

„Betreten des Saunabereiches nur mit dem schwarzen Saunaband" steht dort geschrieben und ehe ich mich rücklings wieder ins Wasser werfen kann, hat mich die Liebe am Handgelenk gepackt und zerrt mich durch die Tür. „Hach, guck mal!", kreischt sie sogleich hysterisch. „Wie schön das hier alles ist! Da ein Whirlpool und dort eine Dampfsauna. Und ein Salzbecken! Da drüben kann man herrlich ausruhen. Und sieh mal, die Duschen! Hier könnte ich ewig bleiben!"

In meinen Ohren hört sich das wie folgt an:

Aaah, der Pool der Verdammnis, voller kochendem Teer und fal-tigen Hängetitten, die auf der Oberfläche schwimmen! Und dort das stinkende Arschloch der Hydra! Und hier die kochende Seelen-suppe, in der dir zusammen mit nackten alten Menschlein die Haut vom Leib schmilzt! Hier müssen wir für immer bleiben und jede Sekunde wird dir wie eine Ewigkeit vorkommen! Und die echte Ewigkeit ist ein Scheißdreck dagegen. Die jungen Dinger da drau-ßen werden längst schon mit ihren Freunden schlafen, da liegst du noch hier und frisst Weintrauben am Spieß und siehst Fettschichten auf den Fettschichten. Und wenn du glaubst, das Schlimmste ge-sehen zu haben, wird dieser alte Kerl mit der Goldkette vergessen, seinen Bademantel zu schließen.

Na ja, Sie wissen schon, was ich meine …

Grundsätzlich halte ich Sauna für Zeitverschwendung. Zeit, in der ich fantastische Geschichten schreiben könnte oder *PlayStation* spielen, was noch besser ist. Ich sitze nur herum und schwitze, danach soll ich kalt duschen und mich hinlegen, dann gehe ich noch mal schwitzen und dusche wieder und lege mich wieder hin. Und danach lege ich mich mit acht anderen nackten Leuten in einen Whirlpool und tue so, als hätte ich nicht gefurzt.

Haben Sie es mitbekommen? „*Nackt*" – das ist das Stichwort. Ja, ich liebe das Nacktsein. Bei mir zu Hause, in der Dusche oder vielleicht im Puff. Aber bitte schön, warum muss ich nackt sein in der Sauna? Und warum im Whirlpool? Und überhaupt? Ach was, ich bin nicht feige, es geht mir nicht darum, dass andere mich nackt sehen. Es geht mir darum, dass *ich* andere nackt sehen muss. Und das ist in jeglicher Hinsicht unangenehm für mich.

Was ist nur los mit den Leuten dort? Die meisten, so glaube ich, gehen angesehenen Berufen nach und würden einen Teufel tun, sich auf Arbeit irgendwie zu entblößen. Warum also lassen sie hier so gern alle Hüllen fallen und tun es selbst dort, wo es nicht unbedingt nötig ist. So könnten sie sich doch außerhalb der Sauna wenigstens die Bademäntel richtig zubinden. Was veranlasst sechzigjährige Männer, breitbeinig und protzig auf der Liege zu lümmeln oder in der Sauna auf der obersten Bank zu sitzen? So schön sieht das ganze Zeug da unten wirklich nicht aus. Und wenn die Damen schon blankziehen, die man sonst nur im Hosenanzug mit Stehkragen antrifft, könnten sie nicht wenigstens das Unterholz ein wenig lichten?

Also, was ist bloß so toll daran, in einem Holzkasten zu sitzen, nur damit einem die Brühe von der Nase tropft? Wie wäre es mit körperlicher Arbeit oder Sport? Warum muss ich unbedingt nackt sein? Und warum werde ich gleich geduzt? Verlangt das meine Nacktheit? Ich will gesiezt werden! Warum muss ich nachher in die eiskalte Brühe? Und welchen Sinn hat es, danach stundenlang herumzuliegen und aufgeschnittenes Obst zu essen? Entspannen kann ich mich nicht angesichts der geballten Nacktheit um mich herum. Und was tut man, wenn man plötzlich einen

Bekannten sieht? Oder einen Geschäftspartner? Oder eine ehemalige Lehrerin? Oder gar eine Frau, auf die man schon immer ganz scharf war? Ich wage nicht einmal daran zu denken. Stellen Sie sich nur diese Gesichter vor!

Und wieder einmal komme ich zu einem Schluss: Die Sauna ist doch nur ein raffinierter Trick einiger Gauner, sich an gutgläubigen Menschen dumm und dusselig zu verdienen.

Sie sehen das nicht so?

Aha. Aber wo sonst kriegt man Menschen dazu, jeglichen Sinn für Ästhetik und Anstand zu verlieren? Wo sonst bezahlen Leute viel Geld dafür, ihre Würde am Eingang in einem kleinen Regalfach abzulegen?

So weit würden Sie jetzt nicht gehen, sagen Sie? Haben Sie schon einmal versucht, würdevoll aus einem voll besetzten Whirlpool zu steigen?

VON WEGEN –
NUR MAL EINKAUFEN

Gemütlich kurve ich durch das Parkhaus und beobachte interessiert, wie sich die Autofahrer um die knappen Parkplätze auf dem ersten Parkdeck balgen. Manchmal bleibt mir nichts anderes übrig, als stehen zu bleiben, weil gerade wieder jemand eine Vollbremsung hingelegt hat. Er hat ein Rückfahrlicht aufleuchten sehen und hofft nun auf eine Parklücke. Derjenige, der ausparken will, sieht die Lichter und wartet nun seinerseits, weil er nicht weiß, was Ersterer tut. Dann steige ich nach zehn Minuten aus und erkläre es ihm. Manche fahren in den als Einbahnstraße gekennzeichneten Gassen in die verkehrte Richtung und streiten sich dann gewissenhaft mit denen, die richtig herum gefahren sind und nun auf ihr Parklückenrecht pochen. Andere parken auf den Behindertenparkplätzen. Ich nehme ihnen das nicht übel, denn wer so etwas macht, qualifiziert sich in dem Moment selbst für diesen Platz.

Liebe körperlich beeinträchtigte Mitbürger, verstehen Sie das bitte nicht falsch, das ist nur eine Anspielung auf das geistige Niveau der Falschparker und sollte kein Affront Ihnen gegenüber sein. Oh Gott, besser, ich lösche das wieder …

Am Rande bemerkt: Ich habe auch schon Menschen ihre Autos auf Behindertenparkplätzen parken sehen, als nahezu das gesamte Parkhaus leer war. Was – um Himmels willen – motiviert sie dazu? Der nächste freie Platz war zwei Meter weiter!

Zurück zum Gedränge auf dem ersten Parkdeck: Wenn mein Weg dann endlich wieder frei ist, setze ich die Fahrt zum Parkdeck zwei fort und stelle mein Auto entspannt in einer der mindestens sechzig freien Parklücken ab. Dann gehe ich den gleichen Weg zum Aufzug, wie ich ihn auch in der ersten Parketage laufen müsste. Gut, der Aufzug braucht natürlich vier Sekunden länger, um ganz nach oben zu fahren. Wenn ich überlege, dass ich in der Woche einmal einkaufen fahre, kommen da im Jahr immerhin zweihundertacht Sekunden zusammen. Nach unten noch einmal so viele, also vierhundertsechzehn. Das sind immerhin fast sieben Minuten. Meine Güte!

Im Supermarkt schließlich fährt man auf einer Rolltreppe noch einmal eine Etage höher und wird dann mit einem Pfeil auf dem Fußboden mehr oder weniger in eine bestimmte Richtung gebeten. Das ist natürlich kein Befehl und niemand ist verpflichtet, im Uhrzeigersinn durch den Supermarkt zu laufen, doch hat es schon seinen Sinn, besonders wenn viel los ist. Da ist man manchmal froh, überhaupt einen Weg zwischen den ganzen Einkaufswagen hindurch zu finden – und wenn einem dann noch einer entgegenkommt, wird die Sache richtig spannend.

Sollten Sie bei solch einer Gelegenheit einmal in einen Stau geraten, habe ich einen Tipp, wie Sie sich die Zeit vertreiben können: Vertauschen Sie einfach ein paar Waren in den herrenlos herumstehenden Wagen und beobachten Sie die Verwirrung, die dadurch entsteht. Achten Sie dabei aber auch auf Ihren eigenen Einkaufswagen; nicht nur einmal bin ich mit zwei Packungen Damenbinden oder einer CD der *Wildecker Herzbuben* nach Hause gefahren.

Über das Einkaufen selbst will ich nicht allzu viele Worte verlieren. Rentner, die eigentlich den ganzen Tag Zeit zum Einkaufen hätten, es aber ausgerechnet jetzt tun, wenn alle

Arbeitenden im Supermarkt sind, blockieren den Weg, beschnüffeln die Ware, betatschen alles und unterhalten sich angeregt, wie billig früher alles war. Bei denen macht das Vertauschen der Ware übrigens keinen Spaß; allenfalls wenn man mit zu ihnen nach Hause kommen dürfte, um ihre Gesichter zu sehen, wenn sie die Tüten auspacken.

Außerdem gibt es noch diese älteren Ehepaare, die zufällig ein paar Leute treffen, die sie schon immer mal anrufen wollten, es aber nie getan haben, weil immer was dazwischenkam. Nun aber nutzen sie die Gelegenheit, um sich mal richtig zu unterhalten – und meistens tun sie das vor dem Eierregal, wo sowieso schon Dutzende Leute stehen und Packungen aufreißen, um die Eier zu begaffen.

Wenn ich allzu frustriert bin, warte ich auf die nächste Gelegenheit und gebe der erstbesten Eierpackung, die ich in einem Einkaufswagen sehe, einen ordentlichen Fausthieb.

Brüllende Kinder gibt es natürlich auch. Und am liebsten würde ich deren Eltern …

Nein, Moment mal! Sie wissen ja, Kinder sind schlauer als man denkt. Sie tun alles bewusst, glauben Sie mir. So brüllen die auch mit Absicht, weil sie wissen, wie sie ihre Eltern damit kompromittieren vor all den Leuten mit ihren vorwurfsvollen Blicken, um sich dann mit Eis und Schokolade ruhigstellen zu lassen. Da darf man nicht schwach werden, besonders wenn man sich vor Augen hält, dass ebendiese Menschen, die einen so vorwurfsvoll anstarren und den Kopf schütteln, sich immer und überall über den Niedergang unserer Zivilisation und die verwöhnten Gören heutzutage beschweren.

IHR seid die wahre Ursache dieses Übels, möchte man ihnen sagen. Doch lieber schmuggele ich ein paar Sex-Magazine in deren Einkauf und beobachte amüsiert, wie sie an der Kasse mit hochrotem Kopf zu erklären versuchen, das hätte man ihnen untergejubelt.

So, zurück zum Text.

Habe ich es dann die Rolltreppe hinab bis zur Kasse geschafft, entspinnt sich ein kleiner Kampf, der eigentliche Grund, weshalb ich einkaufen fahre. Es ist die sportliche Herausforderung!

Die Kassiererin hat den letzten Kunden vor mir abgefertigt und wartet nun leise fingerklopfend darauf, dass ich endlich meine Ware auf das Laufband bekomme. Dabei mustert sie mich abschätzend und versucht sich ihre Chancen auszurechnen. Ich versuche wenigstens nach außen hin ruhig zu bleiben und mich nicht stören zu lassen, denn es ist die letzte Gelegenheit, noch einmal Kraft zu schöpfen. Dann schiebe ich leicht schwitzend den Wagen an der Kasse vorbei, wo sich die Kassiererin kurz erhebt, um auf die Wagennummer zu sehen. Das ist nicht in allen Supermärkten so, aber dort, wo es geschieht, hat man wenigstens noch die Möglichkeit, ein zweites Mal Luft zu holen, bevor der eigentliche Wettkampf losgeht. Denn nun beginnt die Kassiererin, natürlich ohne es nach außen hin zu erkennen zu geben, wie eine Leistungssportlerin, die angehäuften Waren über den Scanner zu zerren, und schubst sie in irrsinniger Geschwindigkeit auf die Ablage, wo ich alle Hände voll zu tun habe, alles einzufangen und in den Einkaufswagen zurückzuschichten. Wagt man einen Blick auf das Gesicht der Kassiererin, sieht man eine zu Stein erstarrte Fratze ohne jede Regung. Doch tief in ihren Augen erkennt man den Kampfgeist und den unbedingten Willen, mich zu besiegen. Ich selbst versuche eine ebenso entspannte Miene zu machen, wie ich sie schon beim Ausladen aufgesetzt hatte, doch mein Herz schlägt wie wild und meine Schweißdrüsen spielen kaputter Staudamm. Die Kassiererin scheint im Vorteil, doch zum Glück gibt es kleine Taktiken, die man anwenden kann, um einen Vorsprung herauszuarbeiten.

Ich habe nämlich entdeckt, dass es immer wieder seltene Früchte in der Obst- und Gemüseabteilung gibt, die man nach Stück und nicht nach Gewicht bezahlt und deren Preise die Kassiererin von einer Liste ablesen muss. Könnte man sich die Zeit nehmen und ihr dabei zusehen und wäre es ganz still im Supermarkt, man könnte ihre mahlenden Kiefer sehen und ihre vor Wut knirschenden Zähne hören.

Man kann auch noch mehr Zeit schinden, indem man sehr viele Kiwis in eine Tüte packt und sie richtig gut verschnürt, sodass die Kassiererin Mühe hat, sie zu zählen. Auf diesen Trick greife ich zumeist zurück. Wichtig ist es dabei, mindestens fünf Kiwis zu nehmen und die Tüte ganz eng zu verschnüren, damit die Zahl nicht so leicht greifbar wird. Außerdem sollte man die Zahl der Kiwis variieren, falls man öfter auf dieselbe Kassiererin trifft.

Hat man den Kampf gewonnen und rückt mit zitternden Fingern das Geld oder die Karte heraus, beginnt das letzte Duell. Jetzt gilt es, das Gesicht zu wahren wie zwei Samurai. Mit dem allerfreundlichsten Lächeln sieht die Kassiererin einen an. „Waren Sie zufrieden mit dem Einkauf?", fragt sie. *Heute hast du zwar gewonnen, aber nächstes Mal werde ich dich plattmachen*, sagt ihr Lächeln.

Natürlich lächle ich zurück. „Danke, alles war wunderbar", antworte ich trunken im Siegestaumel.

Das Lächeln gefriert im Gesicht der Kassiererin, sodass

es aussieht, als hätte man der armen Frau den Zopf zu straff gebunden. „Na dann, schönen Abend noch!" *Nächstens werde ich dir die Kiwis dahin stecken, wo die Sonne nie scheint*, denkt sie dabei.

Auch mein eigenes Lächeln macht langsam schlapp, denn ich bin fertig vom Wettstreit und drohe zu kollabieren. „Gleichfalls, danke!"

Gewonnen, gewonnen, gewonnen, denke ich und taumele von der Kasse weg. Meine Kleidung ist schweißdurchtränkt, die Haare kleben mir auf der Stirn, mein Kreislauf bricht zusammen. Schlimmstenfalls sacke ich in die Knie, kaum dass ich aus dem Blickfeld der Kassiererin verschwunden bin. Dann hänge ich wie ein nasser Sack am Schiebegriff des vollen Einkaufswagens und bleibe, wenn auch hilflos, aber doch auf den Beinen. So rette ich mich zum Aufzug, erhole mich in den Sekunden, die ich damit brauche, und bin dann soweit wiederhergestellt, dass ich die Waren ins Auto bringen kann. Habe ich meinen Einkaufswagen endlich weggeschafft, rette ich mich auf den Fahrersitz und verschnaufe kurz.

Schließlich starte ich den Motor und stürze mich ins Gewimmel auf Parkdeck eins, wo ich frecherweise auch noch Vorfahrt habe, wenn ich von Parkdeck zwei komme, und so die verlorenen Sekunden wieder wettmache. Rasend vor Wut hupen sich hinter mir zwei Autofahrer an und ich fahre entspannt dem Sonnenuntergang entgegen.

Bis zum nächsten Mal, denke ich und werfe eine Tüte aus dem Fenster. Ich hasse Kiwis.

OH, WIE ROMANTISCH

Ich habe es schon mehrmals angedeutet und für die, die es noch nicht mitbekommen haben: Ich bin ein Am-Meer-Steher-und-aufs-Wasser-Gucker. Wo auch immer ich an den Strand eines Meeres komme, bin ich überwältigt von der schieren Menge an Wasser, von der Weite und der Wölbung, die die See beschreibt. Völlig egal, wie das Wetter ist, ob die Sonne scheint oder der Wind weht, ob es regnet oder mir eisiger Wind um die Ohren pfeift. Ich kann nicht anders, ich muss stehen und sehen und ein Grinsen gefriert mir im Gesicht, besonders wenn der Sturm mir die Schneeflocken waagerecht ins Gesicht nadelt. Ob es nun die Nordsee ist, die Ostsee, der Indische Ozean, es spielt für mich keine Rolle.

Da stehe ich also am Rande eines Kontinents, sehe die Wellen, die ans Ufer branden, sehe, wie der Wind den Regen aufs Wasser peitscht oder Kilometer weit entfernt am Horizont ein Schiff scheinbar stillsteht. Da kommen mir Gedanken, die mir sonst selten kommen. Da sehe ich mein Leben aus einer ganz anderen Perspektive. Da erkenne ich die Winzigkeit unseres Daseins und wie lächerlich doch das ganze Gemache, das ganze Kleinklein ist mit all den Behördengängen, den Streitereien, den Vorschriften, politischen Ansichten und dass der Nachbar, das blöde Schwein, immer so laut ist. Am Ufer eines Ozeans oder hoch oben auf einer Klippe, wenn mir der Wind um die Ohren pfeift, da bin ich ein anderer Mensch und kann nicht nachvollziehen, dass nicht alle Menschen wenigstens halb so ergriffen sind wie ich und Frieden schließen mit dem Rest der Menschheit. Vier Milliarden Jahre Evolution haben dafür gesorgt, dass ich entstanden bin. Ausgerechnet ich › nd kein anderer Frank Goldammer. Abermilliarden von Umständen und Zufällen, von denen jeder einzelne dafür gesorgt hatte, dass ich so bin, wie ich bin. Wieso – zum Geier – müssen wir uns streiten, welcher Gott der richtige ist und welche Fußballmannschaft? Wieso sind wir nicht jeden Tag die glücklichsten Menschen, die es gibt, weil ausgerechnet *wir* es sind, die diesen kurzen Abschnitt der Zeit lebend genießen dürfen? Und seit Jahrmillionen schon klatschen diese Wellen an diese steinerne Küste, denke ich mir dann – und ihr wollt bloß wissen, wo der nächste Kiosk ist, und schüttelt den Kopf und fragt euch, ob mir nicht kalt sei oder ob ich im Stehen eingepennt wäre.

Und jetzt verrate ich Ihnen mal was: Das, was ich da erlebe, das ist für mich wahre Romantik. Dieser Moment, ob er nun einsam ist oder inmitten sonnenhungriger Menschenmassen, ist eine Quintessenz dessen, was die Romantiker des späten 18. Jahrhunderts in ihren Gemälden und Gedichten ausdrückten. Diese Ehrfurcht vor der Natur, dieses Wissen um die Endlichkeit eines jeden individuellen Daseins, die Farbenpracht der untergehenden Sonne, die Größe unserer Erde, die uns mittlerweile so klein vorkommt, die geballten Gewitterwolken, die im Westen aufziehen, als ob es Götter gäbe, die für so etwas ausgebildet sind.

Aber wozu ist dieser Begriff mittlerweile verkommen?

Heutzutage gilt es ja schon als romantisch, wenn jemand irgendwo eine Kerze anzündet. Romantisch ist der Abend, wenn Celine Dion den *Titanic*-Song jodelt. Morgen ist Valentinstag, sagt man mir im Radio, kaufen Sie Ihrer Frau einen Strauß Rosen und machen Sie sich einen romantischen Abend mit Kerzenlicht und kleinen Kissen, die aussehen wie Herzen. Oder besser noch: Schenken Sie ihr eine herzförmige Pralinenschachtel mit herzförmigen Pralinen und bestimmt ist sie nachher so weichgeklopft, dass sie die Beine breitmacht.

Ich meine ... Hallo? Romantik lässt sich doch nicht einfach einschalten. Bei mir jedenfalls nicht ... Klar kauf ich der Frau Blumen, der gesellschaftliche Zwang lässt mir ja gar keine Wahl. Zwar sagt sie, es mache ihr nichts aus, wenn ich keine kaufte, aber das tut es natürlich doch, weil am nächsten Tag die Kolleginnen allesamt aufzählen, wie viele Blumen sie bekommen haben und wie romantisch der letzte Abend war mit Kerzen und Celine Dion, anstatt zu kapieren, dass sie das ganze Jahr keine Blumen geschenkt bekommen und ihr Gatte, der dämliche Hund, extra einen offiziellen Anlass dazu braucht, so wie er seiner Mutter auch nur am Muttertag für seine Anwesenheit dankt. Ich danke der Ollen gar nichts – und das nenne ich konsequent!

Oh weh, jetzt rege ich mich schon wieder auf und das ist gar nicht gut für mein überhaupt nicht herzförmiges Herz. Ich weiß, dass ich gegen Windmühlen anrenne, wenn ich versuche, dem Missbrauch des Wortes „Romantik" Einhalt zu gebieten, denn mittlerweile glaubt ja jeder, dass Romantik einsetzt, sobald das Licht gedimmt wird. Als ob das Gefühl dadurch stimuliert wird, dass man die Augen mehr anstrengen muss ... Wenn bei uns im Hause Kerzen brennen, denke ich zuerst an einen Stromausfall und zweitens, ob ich es schon wieder verpasst habe, Weihnachtsgeschenke zu kaufen. Und wenn irgendein Trottel sein gesamtes Hab und Gut verschachert, um seiner Liebsten „*Willst du mich heiraten?*" an den Himmel zu malen, dann fangen alle an zu flennen. Aber nicht aus Mitleid mit dem Kerl, sondern weil es sooo romantisch ist – vor allem, weil noch Rosen vom Himmel regnen und herzförmige Pralinen und brennende Kerzen, die leider vom Wind abgetrieben werden und eine völlig verarmte Gegend in Bulgarien in Brand setzen. Aber romantisch ist es allemal.

Nun denken Sie vielleicht, dass ich das alles zu eng sehe, oder machen sich sogar lustig über mich, weil ich voll der Loser bin und Sie viel besser wissen, was Romantik bedeutet, nämlich ein Heiratsantrag in Paris, zwischen all den Knoblauch fressenden Franzosen, die uns hassen, dann lassen Sie sich Folgendes gesagt sein: Ich bin ja nicht dumm und dass ich die Missstände erkenne und anprangere, heißt ja noch lange nicht, dass ich sie nicht auch zu nutzen weiß. Wenn Sie sich also fragen, wer denn dieser ach so romantische Typ ist, von dem Ihre Frau vor ihrer Freundin immer so schwärmt, wenn sie sich unbeobachtet fühlt, der ihr fünfmal die Woche Rosen auf Arbeit schickt und sie zum Essen bei Kerzenschein ausführt, um sie nachher flachzulegen, dann bin das möglicherweise ich.

Ja, da staunst du, was? Wer ist jetzt der Loser?

ADEL DICH SELBST

Jedes Jahr müssen wir uns ein-, zweimal um die Hoch- zeiten anderer Leute kümmern. Damit meine ich nicht die Hochzeiten irgendwelcher Verwandter, zu denen man eingeladen ist, sondern um die Hochzeit zweier junger Menschen, von denen mindestens einer, im besten Falle aber beide einem Adelsgeschlecht angehören.

Im Voraus muss ich festhalten, dass ich keineswegs nei- disch bin, weder auf den Stand noch auf das Geld dieser Leute. Doch gebe ich zu, dass ich mit einer gewissen Skep- sis dahin schaue, wo das blaue Blut fließt. Also, ich schaue nicht in die Adern oder so. Sie wissen schon …

Ist es nicht auch eine Form von Rassismus, zu behaup- ten, man gehöre einem besonderen Geschlecht an? Es ist ja nicht so, dass dieser Adel von der Natur oder von Gott (Zutreffendes bitte ankreuzen) gegeben war. Es gibt ja nichts, was die einen von den anderen im eigentlichen Sin- ne unterscheidet. Da hat irgendwann in grauer Vorzeit mal einer behauptet, er wäre etwas Besseres als die anderen in seinem Ort. Und wer weiß, vielleicht hat er zur Argumen- tation einige vierschrötige Männer mit langen Schwertern oder Äxten oder Armbrüsten oder – gehen wir noch wei- ter zurück – mit Knüppeln und Mammutknochen einge- setzt und letztendlich garantiert noch behauptet, es wäre von Gott gegeben. Das zog damals besonders. Zieht ja auch heutzutage noch … Dann hat er sich schön breitgemacht und seine Position mit dem einen oder anderen Mord (oder was auch immer) gefestigt, sodass sein Sohnemann das Ge- schäft übernehmen konnte. Und damit sich der Einfluss und die Macht nicht durch die Hochzeit mit irgendeinem Bauernmädel verwässern, hat Papa sich entschlossen, den Sohnemann mit der Tochter des Typen zu vermählen, der es im Nachbardorf zu ebensolchem Ansehen geschafft hat.

Wäre es also nicht zufällig Ernst Augusts Urururururururgroßvater gewesen, der sich da zum Obermacker aufgespielt hat, sondern *mein* Ururur … Na, Sie wissen schon … Dann könnte *ich* jetzt Journalisten mit dem Regenschirm verprügeln oder hätte bei der Expo ins Gelände pullern können. Mal davon abgesehen, müsste ich mir wohl auch keine besonderen Sorgen um den Arbeitsplatz und meine Finanzen machen. Aber betrachten wir schnell die andere Seite der Medaille, bevor wir vielleicht doch neidisch werden. Nehmen wir mal an, ich wäre ein kleiner adliger Junge, der das Glück hätte, sich niemals ernsthaft mit echter Arbeit beschäftigen zu müssen. Bitte, ich will nicht behaupten, dass Adlige nicht arbeiten. Doch mal ehrlich: Viele von ihnen müssten es nicht und die meisten, die es tun, tun es auf einem ganz anderen Niveau als wir Rotblütigen. Das allein ist der Unterschied. Also, nehmen wir an, ich wäre betreffender adliger Junge. Ich müsste schon ab dem Kleinkindalter lernen, wie man sich benimmt, wen man anknickst, wie man sich verbeugt, wen man mit Nichtachtung strafen darf, wie man Personal behandelt und wie man „*Euer Hochwohlgeboren*" und „*Personalnotstand*" schreibt. Nicht, dass es schlecht wäre, Benehmen zu lernen, aber ich meine diese andere Art von Benehmen, welches besondere elterliche Aufmerksamkeit erfordert, also nicht etwa dieses proletarische: *Benimm dich endlich, sonst hau ich dir eine rein!* Eher dieses hochdeutsch, mit leicht pikiertem Unterton gesprochene: *So etwas tut man nicht, Klaus Alexander. Das schickt sich einfach nicht.*

Na, und außerdem müsste ich auf eine Familiengeschichte zurückblicken, die teilweise von Dekadenz geprägt und jahrhundertelang hart an der Inzuchtgrenze entlanggeschlittert ist. Des Weiteren würde mir vielleicht nicht direkt vorgeschrieben, mit wem ich mich abgeben darf, aber mein Freundeskreis wäre schon ab dem Kindergartenalter einer strengen Selektion unterzogen, sodass ich gar nicht in die Verlegenheit käme, mir „falsche" Freunde zu suchen.

Und auch wenn die Regeln schon um einiges gelockert wurden, man hat es ja allein dieses Jahr zweimal gesehen; sich eine Frau zu nehmen, die nicht dem Adel angehört, wäre wohl doch mit einigen Schwierigkeiten verbunden. Letztendlich aber – und das ist wohl das schlimmste Übel – wäre ich mehr oder weniger einer ständigen Bewachung ausgesetzt, einer Bewachung durch Videokameras und Fotoapparate und durch ein Medium namens *Regenbogenpresse*, welche jeden Schritt verfolgt und jeden Furz kommentiert, selbst wenn er nur ganz leise war.

Endlich sind wir an dem Punkt angelangt, um den es mir wirklich geht und der es mir schwer macht, alle meine Mitbürger zu verstehen. Anstatt nun – wie ich – zu sagen: He, was ist an den Typen besser als an mir? Was gibt denen das Recht, sich über andere zu erheben? Warum muss ich *Hochwohlgeboren*, *Eure Majestät*, *Durchlaucht* oder was auch immer zu denen sagen? (Ehrlich gesagt, weiß ich gar nicht, was *Durchlaucht* bedeutet. Klingt jedenfalls nicht gesund, erinnert mich eher an einen schnellen Gang zur Toilette). Statt sich also Gedanken zu machen, wie das Blut nun blau geworden ist und ob man nicht selbst genauso blau ist – der menschliche Genpool ist nicht sehr groß, die Chance, ebenfalls von einem Adligen abzustammen, ist nicht zu gering, besonders wenn man aus Sachsen kommt und weiß, wie und in welchen Mengen unser berühmter Kurfürst August der Starke die Frauen verschlissen hat –, gibt es Millionen von Menschen, die sich ernsthaft Gedanken wegen adligen Hochzeiten machen. Ob das Wetter hält, ob die Schleppe lang genug ist und ob es Ernst August diesmal über den Polterabend hinaus schafft. UND (mit Absicht groß geschrieben) es gibt Leute, die nur davon leben, weil sie sich auskennen beim Adel und zu besagten Schritten und Fürzen ihren Kommentar dazugeben, damit auch der Rest der Menschheit weiß, was Prinz Charles zum Frühstück hatte. Ehrlich, ganz ehrlich, es interessiert mich kein bisschen! Nicht ein winziges bisschen, nicht den Bruchteil eines bisschens von einem bisschen. Und ich begreife nicht, warum der Rest der Menschheit diesen Leuten nicht so lange den Rücken zukehrt, bis diese kleine Truppe merkt, wie allein sie miteinander sind.

Und so war ich erst nur genervt, dann leicht geschockt und schließlich höchst ungehalten, als ich feststellte, dass die Hochzeit des spanischen Kronprinzen auf sage und schreibe acht der damals zweiunddreißig von meinem Fernseher empfangenen Sender übertragen wurde. Es gab selbst auf ARD und ZDF jeweils eine Übertragung. Hätte es nicht genügt, wenn eine der beiden Anstalten meine Gebühren dafür verschwendet? Nein, sie taten es auch noch in Konkurrenz zueinander mit verschiedenen Adelsexperten! (Ich hab noch nie ein Fußballspiel gesehen, das auf beiden Sendern gleichzeitig übertragen wurde). Und RTL saß total in der Patsche, weil neben der Hochzeit auch noch die Formel-1-Qualifikation lief. Ja, und was hatten die Experten nicht alles zu erzählen! Der Stoff des Hochzeitskleides wäre in der Nacht gewebt worden, damit niemand ihn sieht. Der Weg zur Kirche sei 27,38 Meter lang. Die Schleppe würde achtundvierzig Kilo wiegen und wäre 4,49 Meter lang. Die Kette der Braut sei von der Königin geliehen, das Gold von den Inkas, die Schuhe wären aus Italien, die Perücke aus Wuppertal, die Fingernägel aus Horn und Lack und der Lippenstift aus Schneckenglibber und Affengehirn. Ach, warum lächelt die Braut denn nicht? Ist sie gestresst? Und, mein Gott, der Regen! Der Brautstrauß ist aus achtundzwanzig Lilien gemacht und wer sitzt eigentlich wo in der Kirche und wissen Sie, die Glocken der Kirche wurden ausgetauscht, des Klanges wegen. Und nur der Königin ist es vorbehalten, ein langes Kleid zu tragen. Hatte die Braut nicht ein rotes Kleid an bei der Hochzeit des dänischen Prinzen? Darf das nicht eigentlich auch nur die Königin? Ach, hat die Braut nicht eine schöne Haltung, nur einen eigenen Winkstil (!) muss sie sich noch aneignen. Sehen Sie, sie spreizt den kleinen Finger ein wenig ab! Und, wie aufregend, wer tritt denn nun zuerst auf den Balkon? Sie kommen alle! Und küsst sich das Brautpaar? Na ja, nicht so richtig. Ach, schade, sie gehen wieder rein. Nein, sie kommen noch mal! Ja, jetzt küssen sie sich. Aaaah! (Stellen Sie sich vor, wie drei Frauen im Studio gleichzeitig hingerissen und lustvoll seufzen.)

Während ich immer unruhiger im Sessel hin und her rutschte und mich zweierlei Dinge fragte, nämlich ob ich vielleicht veralbert wurde und wo denn die Hunderttausenden Schaulustigen auf den Straßen eigentlich pullern gingen, entstand in mir der Wunsch, eine eigene Dynastie zu gründen. Es kann ja nicht angehen, dass diese Hochzeit so viel Aufmerksamkeit auf sich zieht, während meine eigene (erste) Trauung nur meine Verwandten interessierte. Wenn ich schon nicht selbst erlebe, dass meine Familie adlig würde, konnte ich doch wenigstens den Grundstein legen. Wer weiß, vielleicht würden mich meine Nachfahren in tausend Jahren genau dafür verehren …

Da man am Anfang kleine Brötchen backen sollte, hab ich bei meinem Nachbarn geklingelt und ihm gesagt, dass er sich gefälligst zu verbeugen hätte, wenn er mich sähe, und dass ich mit *Hochwohlgeboren* angesprochen werden wollte. Er hat genickt und gelächelt, bevor er schnell die Tür schloss. Ich denke, ein wenig Ehrfurcht war in seinen Augen schon zu erkennen gewesen. Immerhin ein Anfang.

IN LONDON

Ich war mal in London. In London waren aber auch schon viele andere Leute und ich will Sie nicht mit meinen Erlebnissen belästigen – außer vielleicht damit, dass ich in fünf Tagen zehnmal bei *KFC* essen war, weil man Londoner Gaststätten nicht trauen kann. In einer Pizzeria aß ich eine Thunfischpizza, auf der ganze zwei Stück Fisch lagen. Na ja, wenigstens rochen die zwei Stückchen nach Fisch … Und in einem Thai-Restaurant aß ich für mehr Geld, als in Dresden eine komplette Familie für ihr Essen bezahlt hätte, ein Schüsselchen mit Fleischstücken, die in einer extrem scharfen Kokossoße schwammen. Das Ganze schmeckte so grässlich, dass ich letztendlich sogar froh über diese Miniportion war. Ich möchte gar nicht wissen, was man isst, wenn man zwei Wochen oder gar noch länger in London bleibt.

Was mich aber richtig erstaunt hat, war der Verkehr. Nun verdrehen Sie nicht gleich die Augen, ich weiß, dass man dort links fährt und dass man zuerst nach rechts sehen muss, wenn man eine Straße überquert. Ich meinte das Chaos, das Hupen, die Raser, das Hupen, die Fußgänger, die jede rote Ampel ignorieren, und das Hupen. Als London-Tourist zuckt man ständig zusammen, zum Beispiel weil ein Motor hinter einem aufheult, als wäre der Startschuss für ein Autorennen gefallen. Oder man dreht sich um, weil jemand schreit, als hätte man ihm das Haus angezündet, doch so ruft man nur ein Taxi. Ständig reißt man die Hände vors Gesicht, um den schrecklichen Unfall nicht sehen zu müssen, der sich gerade zwischen einem

Taxi, einem roten Bus und einem Fußgänger anbahnt, welcher noch schnell auf den Bus aufspringen will und dabei den Weg des Taxis queren muss. Doch niemals passiert etwas – und das ist die schreckliche Wahrheit. In fünf Tagen London habe ich keinen einzigen Unfall gesehen, keinen einzigen. Keine Blechschäden, keine kaputten Scheiben, keine abgerissenen Nummernschilder, nichts. Es war zum Verzweifeln. Ich denke da bloß an unsere schöne Stadt und an meine schöne Straße in Dresden, wo sich aller zwei Wochen ein Unfall ereignet – und zwar weil immer wieder ein Vorfahrtszeichen übersehen wird und man auf der Hauptstraße mit achtzig anstatt mit fünfzig entlangjagt. Und auch das Hupen ist anders, wirklich! Es ist zwar aggressiv, aber anders als ein deutsches Hupen. In England scheint ein Hupen zu sagen: *Hallo, hier bin ich! Ich will nur, dass es schnell weitergeht, ansonsten nichts. Und eigentlich will ich Unfällen vorbeugen.*

Wenn in Deutschland jemand hupt, heißt das meist: *He, du Blödmann! Du Idiot! Die Ampel ist seit einer Zehntelsekunde grün! Und außerdem ist dein Auto viel hässlicher als meins und ich kann viel besser und schneller fahren! Und außerdem habe ich sowieso immer recht, weil ich nämlich in meinem Auto sitze!*

Jetzt mal im Ernst: Man sollte den Leuten sagen, dass sie, nur weil sie im Auto sitzen, nicht mehr Rechte haben als andere Menschen. Irgendwie scheint bei vielen Autofahrern im Kopf etwas anders zu laufen, sobald sich der Zündschlüssel im Schloss dreht. Es wird gedrängelt, gerast, geschnitten und geflucht – und immer glaubt jeder, im Recht zu sein. Ich habe noch nie so viele Menschen vor Wut brüllen sehen wie im Auto. Ist Ihnen das nicht auch schon einmal aufgefallen? Ich habe eigentlich noch nie jemanden so brüllen sehen wie im Auto (Die Fußballer im Fernsehen lasse ich mal außen vor, ich gehe davon aus, dass die meisten aus gutem Grund keinen anderen Beruf haben). Ich selbst ertappe mich manchmal in Momenten, in denen ich mich aufrege über die vermeintliche Blödheit anderer. Doch dann versuche ich mich zu entspannen. Ich denke darüber nach, wie oft ich mich schon blöd angestellt habe, was es mir nützt, wenn ich mich fürchterlich aufrege (nämlich nichts), und dann denke ich darüber nach, wie viel Zeit ich gerade durch den anderen Autofahrer verliere. Fast keine nämlich. Nur Sekunden. Lächerlich. Vor dem Fernseher verliert man viel mehr Zeit.

Ich könnte noch Tausende Dinge aufzählen, die mich stören, abgesehen von der allgemeinen Rücksichtslosigkeit. Aber wissen Sie was? Es ist sinnlos. Es wird sich nie ändern, niemals. Immer wird es Menschen geben, denen beim Autofahren die Schlagadern anschwellen, die ihre Frontscheibe von innen vollspucken beim Schreien und die glauben, dass ihnen die Straße gehört und dass sie immer alles richtig machen. Ich frage mich manchmal bloß, wie jemals Frieden auf der Welt werden soll, wenn Leute sich wegen solcher Kleinigkeiten dermaßen aufregen können. Tun wir also, was wir können, lächeln wir, geben wir freundliche Handzeichen, lassen wir anderen die Vorfahrt, lassen wir sie schreien und fluchen, provozieren wir sie nicht auch noch, sonst bekommen sie vielleicht einen Herzinfarkt — und Sie wissen ja, Krankenkassenbeiträge müssen wir alle bezahlen.

PSSST!

Heute ist der bundesweite Tag gegen den Lärm. Vielleicht haben Sie es nicht mitbekommen, vielleicht war es ja zu laut, als darüber geredet wurde. Und da der Tag noch nicht zu Ende ist, versuche ich so leise es geht auf die Tasten zu drücken. Ich denke sogar leise – anscheinend bin ich da aber der Einzige.

Sind ja ganz nett ausgedacht, diese Aktionen, nur gehen sie unbeachtet an den meisten Leuten vorüber. Es ist aber auch ein Kreuz mit dem Lärm, man kann ihm nicht entfliehen, wenn man ein werktätiger Mensch ist oder in der Stadt wohnt. Bei der Überlegung, welchen Geräuschpegeln man sich den ganzen Tag über aussetzt, muss man sich schon wundern, dass man nicht gleich vor Schreck taub wird.

Wie sehr man dem Krach ausgesetzt ist, merkt man leicht, wenn man früh in sein Auto steigt und das Radio geht viel zu laut an, weil man es am Tag zuvor unmerklich immer lauter gedreht hat. Oder das Weckradio, von dem ich mich wecken lasse, fegt mich früh aus dem Bett, weil ich am Abend zuvor auf volle Lautstärke gedreht habe in der Annahme, nichts anderes könne mich morgens aus Morpheus' Fängen retten. Darum ist es umso verwunderlicher, mit welcher Rücksichtslosigkeit viele Menschen ihre Ohren belasten. Sie würden zwar nie im Taschenlampenlicht lesen, weil das die Augen kaputt macht, was – meines Wissens – Quatsch ist, doch kaum sitzen sie im Auto, lassen sie sich die Bässe um die Ohren wummern. Einem Großteil des Lärms kann man nicht ausweichen, schlimm genug, dass er da ist. Doch sich selbst freiwillig noch mehr Lärm auszusetzen, das ist der reine Wahnsinn.

Letztes Jahr war ich nachts nach zwölf auf dem Elbhangfest. Es war noch eine Menge los und auf der größten Bühne wurde gerade Pause gemacht. Da es aussah, als würde es gleich weitergehen, blieb ich stehen, um den sanften Klängen zu lauschen. Ich wusste ja nicht, dass mir gleich die Trommelfelle aus den Ohren fliegen würden … Das Konzert ging also weiter und innerhalb kürzester Zeit waren meine Haare von den Druckwellen ganz zerzaust und ich wusste, dass ich mich bei meinem Nachbarn entschuldigen musste, denn ich hatte zwei Nächte lang an die Wände geklopft in der Annahme, die laute Musik käme aus seiner Wohnung.

Aber nun mal ernsthaft: Das war regelrechte Körperverletzung. Selbst meiner Freundin war es zu laut – und das will schon was heißen. Sie ist nämlich disko-resistent und hat Hornhaut auf den Trommelfellen. Wir mussten den Platz verlassen und vor Schreck kauften wir uns zwei Getränke für umgerechnet zweiunddreißig Mark. Vielleicht, überlege ich gerade, hat die Sache doch Methode …

Aber zurück zum Eigentlichen: Ich habe mir den Tag heute zum Motto gemacht. Ich hörte nur leise Radio, arbeitete leise, was mir Mühe machte, denn die Lappen, mit denen ich meinen Hammer umwickelte, absorbierten etwa neunzig Prozent seiner Wirkung. Weiterhin pfiff ich leise, hupte leise und redete so leise wie ein sehr, sehr, sehr kultivierter Mensch, wie der Wirtschaftsprüfer zum Beispiel, der vor Kurzem in unserer Firma war und alle Fragen dreimal wiederholen musste, weil wir ihn nicht verstanden. Zu Hause drehte ich die Lautstärke des Fernsehers runter und weil gerade nicht so viele Autos fuhren, setzte ich mich auf den Balkon. Dort lehnte ich mich zurück und genoss die Stille.

Die männliche Nachtigall kann so laut sein wie ein startendes Motorrad, wenn sie auf Brautschau ist. Das habe ich heute ganz leise im Radio gehört – und just in dem Moment fing im Baum vor unserem Haus eine Nachtigall an, mir genau das zu beweisen. Das fehlte mir gerade noch! Erstens wollte ich keinen Beweis und zweitens ist heute der deutschlandweite Tag gegen den Lärm! Endlich war mal alles still und nun dieses Vogelgebrüll. Ich sagte der Nachtigall freundlich, sie solle woanders hinfliegen. Sie aber ignorierte mich und blökte weiter. Ich bat sie noch einmal, woraufhin das Vieh mir den Rücken zukehrte.

Da bin ich aufgestanden und hab ihm eins mit dem Luftgewehr übergebraten.

ALLES GUTE

Dieses Jahr mach ich nüscht!"
Wie oft habe ich diesen Satz schon gehört!
Wie oft haben Sie diesen Satz schon gehört? Nie? Nun gut,
ich muss Ihnen wohl erst einmal erklären, worum es mir
geht. Ich rede von Geburtstagen und dem ganzen Drum-
herum.

Ich persönlich halte nicht so viel davon, Geburtstage zu
feiern. Eher bin ich der Meinung, dass dieser Tag genutzt
werden sollte, sich bei seiner Mutter zu bedanken, denn
letztendlich kann keiner etwas dafür, dass er geboren wurde. Nun aber hat es sich mit den Gratulationen für die falsche Person eingebürgert, sodass es sich nicht mehr ohne
Weiteres revidieren lässt. Deshalb stehe ich jedes Jahr mindestens einmal vor einem Problem. Und dieses Problem
steht in enger Verbindung zu dem ersten Satz dieses Textes.
Ich würde nämlich am liebsten nichts machen. Ich möchte
keinen Gratulationen annehmen, keine Geschenke, keine
Blumen. Ich möchte niemanden einladen, mit niemandem
anstoßen. Ich möchte den Tag einfach nur verstreichen lassen, ohne dass sich zum Vortag etwas verändert. Na gut,
vielleicht würde ich meine Mutter anrufen und sagen: Danke, dass du dir die Mühe gemacht hast!

Nun versteht das nicht jeder, es ist ja auch nur meine
Meinung und mancher würde sagen: Hm, dann lass es doch!
Klingt auch ganz logisch, doch wie jeder weiß, ist es nicht
so einfach, seinen Verwandten zu erklären, dass man dieses Jahr wirklich nichts machen will und es nicht nur so
dahersagt. Da liegt nämlich der Hase im Pfeffer! Ich höre

diesen Satz im Jahr mindestens viermal — und das nicht nur aus meinem Munde. Die Oma sagt es, die Mama sagt es, meine Cousine und so weiter. Keiner hat Lust auf die ganze Mischpoke, auf die meist sinnlosen Geschenke, die manchmal noch keine halbe Stunde alt sind und verdächtig nach Benzin riechen. Keiner hat Lust, seine Wohnung um-zuräumen, damit siebzehn Mann sitzen können. Keiner hat Lust, für zwanzig Leute Essen zu machen, weil mindestens drei Personen dabei sind, die für zwei essen. Keiner hat Lust, mit vollem Korb aus dem Getränkemarkt zu taumeln — noch dazu mit dem komischen Gefühl, nicht ausreichend erklärt zu haben, dass die ganzen Alkoholitäten nicht für den Eigenbedarf gebraucht werden.

Sicherlich können Sie sich denken, dass es noch keinen einzigen Geburtstag gab, an dem nicht gefeiert wurde. Ungeachtet aller Aussagen und Ausflüchte waren immer genügend Leute da, die sich bei der unfreiwilligen Festi-vität vergnügten, und wenn alle gegangen waren, ertönte schwach aus irgendeiner Ecke, die man fast für ein abstrak-tes Kunstwerk aus Glas, Papier und Essensresten gehalten hätte: „Das war das letzte Mal!"

Na sicher, für dieses Jahr vielleicht.

Nun ist es doch die Aufgabe jeder Generation, die je-weilige Gesellschaft zum Besseren zu wenden, und irgend-wann sollte man auch damit anfangen. Ich hielt meinen letzten Geburtstag im Kreise der Noch-Zwanziger für ei-nen angebrachten Anlass, mit alten Traditionen zu brechen. Schließlich sollte ein Jahr später die Riesenfete steigen. Ich ließ meinen Geburtstag näher kommen, ohne mit irgend-jemandem darüber zu reden, und fragte mich jemand, was ich denn geschenkt haben wolle, sagte ich: „Nichts. Nur meine Ruhe will ich haben." Schließlich waren es noch drei Tage bis zu meinem Geburtstag, als mich meine Eltern ansprachen. „Wen willst du denn einladen am Mittwoch?" Glänzende Mutteraugen sahen mich an.

„Niemanden. Ich will dieses Jahr nicht feiern", sagte ich – und glauben Sie mir, es fiel mir nicht leicht.

„Aber das geht doch nicht!", antwortete Mama entrüstet.

„Wieso?", fragte ich tapfer. „Du sagst es doch auch jedes Mal!"

„Ja, aber trotzdem haben wir gefeiert. Ich bin auch nicht drum herumgekommen. Und du warst ebenfalls da." Mutters Augen verengten sich zu Schlitzen.

„Ich bin doch dein Sohn, ich muss kommen, wenn alle anderen auch da sind!", schrie ich.

„Siehst du?", sagte Mutter.

Du fällst mir in den Rücken! Gerade du! Wo ich dir doch nur helfen will, wollte ich schreien, doch meine Stimme versagte.

„Also, wo sollen wir hinkommen?", fragte meine Mutter und lächelte.

Ich zuckte die Schultern und wusste, ich hatte verloren. Es würde so werden wie jedes Jahr.

„Ich …", begann ich, doch ich wurde unterbrochen.

„Wir haben uns überlegt, wir könnten doch gleich bei uns im Dorf in die Gaststätte gehen. Deine Wohnung ist viel zu klein und bei Rolf ist es nicht so teuer", sagte meine Mutter, als täte sie mir einen Gefallen, dabei dachte sie doch nur an ihren kurzen Heimweg. Ich würde nach Hause fahren müssen, was bedeutete, ich konnte meinen Kummer nicht einmal in Alkohol ersäufen.

Ich gab mich geschlagen. „Wer will denn kommen?", fragte ich leise.

„Ach, nur die üblichen Leute. Oma, Opa, Onkel Horst und Tante Liese … und so weiter …" Meine Mutter winkte fröhlich und stieg schnell ins Auto.

„Was heißt das – *und so weiter?*", fragte ich zitternd, doch meine Frage ging im Reifenquietschen unter.

„Sieh es mal so: Alle kommen, um dich zu feiern. Es wird bestimmt schön", tröstete mich meine Freundin. Ich nickte und versuchte die nächsten zwei Tage nicht daran zu denken. Glauben Sie mir, ich habe mich dann sogar ein wenig gefreut. *Wenigstens müssen sie alle Geschenke mitbringen*, dachte ich mir und räumte den Kofferraum meines Autos leer, bevor wir losfuhren.

Auf dem Parkplatz vor der Gaststätte standen zwei Reisebusse.

„Stell dir vor", sagte ich beim Reingehen zu meiner Freundin, „die würden alle zu mir gehören! Hahaha!"

Und dann blieb mir das Lachen im Hals stecken. Ich war gerade einmal zehn Minuten zu spät – doch das hatte für die halbe Verwandtschaft genügt, sich unter den Tisch zu trinken. Langsam kämpfte ich mich zwischen all den fremden Menschen hindurch und ließ mir vom Rest meiner Sippschaft gratulieren.

„Ist er das?", brüllte plötzlich eine fremde Stimme hinter mir.

Mein Bruder, der mir gerade die Hand gereicht und noch nicht losgelassen hatte, nickte. Ich hatte mir schon einen Fluchtweg ausgesucht, doch mit eisernem Griff hielt er mich fest. Tausende Menschen stürmten auf mich ein.

„Darf ich vorstellen?", fragte mein Bruder. Und ich brüllte: „NEIN!"

Jedenfalls waren sechs Onkel da gewesen, fünf Tanten, zwei Omas, ein Opa, zwölf Cousinen und ein paar ihrer Kinder, mein Sohn mit seiner Kindergartengruppe samt Erzieherinnen, mein Bruder, der seine Kollegen von der Bundeswehr mitgebracht hatte, meine Schwägerin, die den Polterabend ihrer Kollegin gleich zu meiner Feier umgelenkt hatte, die Alte-Herren-Mannschaft meines Vaters sowie deren Frauen und Kinder, mehrere Großtanten und -onkel und zwei Dutzend Menschen, die mir als verwandt vorgestellt wurden, die ich aber noch nie gesehen hatte. Ach so: Die Schwester meiner Freundin war nicht nur ungeladen gekommen, nein, auch noch deren Tanzgruppe, ein Blasorchester, dazu noch ein erzgebirgischer Gesangsverein, mehrere fremde Frauen mit Kindern, von denen sie behaupteten, es wären meine. Meine Schulklasse war auch da und hatte die Gelegenheit genutzt, das Klassentreffen zu wiederholen, zu dem ich nicht erschienen war. Wahrscheinlich sind auch noch zwanzig Menschen im Raum gewesen, die sich einfach eingeschlichen hatten, und ich glaube, ich habe sogar zwei echte Schafe gesehen.

Ich bin nach Hause gelaufen, weil ich dem Wirt mein Auto überlassen musste. Mir war kalt, denn meine Jacke gehörte nun auch dem Wirt, meine Hose ebenfalls. Ich taumelte und mir schwirrte der Kopf. Nein, ich war nicht betrunken. Ich taumelte, weil mir mein Lieblingsonkel auf die Schulter geklopft hatte. Ich hatte ihm gesagt, dass es das letzte Mal gewesen sei, nie wieder würde es solch eine Feier geben. Er aber hatte nur gelacht und mir auf die Schulter geschlagen. „Ach was!", hatte er gesagt. „Nächstes Jahr wirst du dreißig, da machen wir aber eine richtige Sause!"

ES KOMMT EINFACH NICHT

Nun stehe ich hier am Straßenrand und warte. Der Motor meines Autos tuckert leise vor sich hin, das Radio habe ich abgestellt. Viele Autos fuhren schon an mir vorbei, sehr viele und sehr schnell, schließlich ist es ja eine Landstraße, da kann man hundert fahren. Manchmal hupt jemand. Ich weiß nicht, warum. Ich bin mit meinem Wagen kaum im Weg, stehe ganz rechts. Mir ist es egal, ich warte.

Worauf ich warte, wollen Sie wissen?

Ich warte auf ein Reh.

Doch eigentlich geht es gar nicht um das Reh. Es ist nur ein Beispiel. Eigentlich geht es darum, dass manche Menschen sich dazu hinreißen lassen, andere, meist jüngere Menschen ungefragt an ihrem Erfahrungsschatz teilhaben zu lassen, ohne zu wissen, ob die Angesprochenen das auch wollen. Es stellt sich nämlich die Frage: Was tut man mit dieser unfreiwillig aufgenommenen Erfahrung? Wie verwendet man sie im weiteren Leben? Kann man sie immer verwenden? Hat man die Möglichkeit, noch eigene Erfahrungen hinzuzufügen? Und kann man sie ungestraft an Dritte weitergeben oder verletzt man damit Urheberrechte?

Bevor ich Sie noch weiter verwirre, nun zu meinem Beispiel: Vor einigen Jahren leistete ich meinen Dienst bei der Bundeswehr. Einmal hatte ich die Gelegenheit, einen Hauptfeldwebel in meinem Jeep – ja, gut, in *unserem* bundeseigenen Jeep – zu chauffieren. Wir hatten ein leicht gespanntes Verhältnis. Er hielt mich für einen Abscheißer, also jemanden, der sich vor schwierigen Arbeiten drückt, und ich hielt ihn für einen Hauptfeldwebel – und beide hatten wir recht. Auf der Überfahrt von einer Kaserne zur nächsten sprang ungefähr siebenhundert Kilometer vor uns ein Reh über die Landstraße. Es war längst im Busch verschwunden, als ich mich dieser Stelle näherte.

„Brömsen!", brüllte der Hauptfeldwebel (er war Bayer) und ich stieg in die Eisen.

„Was'n los?", fragte ich verblüfft, als die Wolke verbrannten Gummis an uns vorübergezogen war. Mein Herz raste.

„Da kommts imma noa a Zwoates!"

„Immer?", fragte ich und sah mich skeptisch um.

Heiraten Rehe vielleicht? Oder hat jedes Reh einen besten Freund? In der Welt der Waldtiere kenne ich mich nicht so gut aus … Oder wollte er mich einfach nur veräppeln? Ich musste vorsichtig an die Sache herangehen, denn ein Unteroffizier, der seit über zehn Jahren im Dienst war, war es gewöhnt, recht zu haben.

„Imma!", knurrte der Hauptfeldwebel.

Ich hob zweifelnd eine Augenbraue. *Klugscheißer*, dachte ich und lehnte mich innerlich grinsend zurück. Doch dann – siehe da! Das Reh kam tatsächlich! Ohne auf den Verkehr zu achten, hopste es über die Straße und warf sich auf der anderen Seite ins Dickicht, wo es wahrscheinlich schon freudig erwartet wurde. Mir war fast, als hätte es dem Hauptfeldwebel zugezwinkert.

„Sigscht! Glaubst ma jetzt? Es kommt imma noa a Zwoates", knurrte dieser befriedigt und verschränkte die Arme. Er hatte es mir gezeigt.

Ich nickte mit verkniffenem Gesicht, speicherte das neu erworbene Wissen irgendwo zwischen linkem Ohr und Hinterkopf ab und fuhr den Rest der Strecke so langsam, dass er das Abendbrot verpasste.

Nun sind wir zurück in der Gegenwart und kommen zu der Frage: Was mache ich nun mit dem Erfahrungsschatz des Hauptfeldwebels (der bestimmt schon Oberstabsfeldwebel ist)? Zurzeit macht er mir nämlich das Leben recht schwer. Hätte er nur damals seinen Mund gehalten, ich wäre schon längst zu Hause. Es sind nämlich schon vierzig Minuten vergangen, seit das erste Reh über die Straße gehetzt ist, und das zweite ist noch immer nicht da. Steht es etwa am Straßenrand und wartet, dass ich losfahre, damit es sich höhnisch grinsend vor mein Auto werfen kann? Oder weiß das eine Tier nicht, dass Rehe immer zu zweit laufen müssen? Bin ich Zeuge eines Reh-Ehedramas? Haben sie sich gerade erst getrennt? Und wie lang soll ich noch warten? Eine Stunde? Und was ist, wenn dann ein weiteres Reh kommt? Ist dieses das lange erwartete zweite oder schon wieder das erste eines anderen Paares? Vielleicht sollte ich mal einen Jäger anrufen. Oder den Hauptfeldwebel ...

ÜBERFALL

Wichtig ist es, den Kopf zu schützen, wenn es passiert. Am besten, Sie lassen sich fallen und krümmen sich zusammen. Schützen Sie Ihren Kopf mit den Händen. Vor allem aber schützen Sie die Augen. Kratz- und Bisswunden heilen relativ schnell, doch ein verletztes Auge ist schlimm und eine gebrochene Nase nicht besser. Und schützen Sie Ihre Genitalien. Wenn sie einmal herausgefunden haben, wie weh es tut, wenn man dort einen Tritt abbekommt, werden sie es immer wieder tun. Und schließlich muss irgendwann der Moment kommen, in dem Schluss ist, damit das Ganze nicht überhandnimmt und noch jemand ins Krankenhaus muss.

Es ist natürlich nicht leicht, einfach so abzubrechen, wenn sie einmal in Fahrt gekommen sind und Spaß dabei haben. Gewalt hat natürlich keinen Sinn, würde nur noch mehr Gegengewalt erzeugen, also müssen Sie es im Guten versuchen, auch wenn Sie sich dabei wie ein Verlierer vorkommen. Geld zieht hier übrigens nicht. Bieten Sie zuerst einen Keks an. Dazu müssen Sie aber vorher wissen, ob Sie auch wirklich einen haben. Ansonsten tun es auch Gummibärchen. Bieten Sie also etwas Süßes an, sie werden Sie dafür aufstehen lassen.

Machen Sie nun aber keinen Fehler und versuchen zu flüchten, sie werden Ihnen folgen. Und machen Sie sich keine falschen Hoffnungen, sie bekommen jede Tür auf. Gehen Sie langsam ein paar Gummibärchen holen und werfen Sie sie ihnen einzeln zu. Dabei versuchen Sie das Gespräch auf etwas anderes zu lenken, auf Bücher zum Beispiel. Es hat schon oft geholfen. Versorgen Sie dabei Ihre schlimmsten Verletzungen — immer jedoch gegen einen weiteren Überfall gewappnet. Wenn Sie diesen Anweisungen folgen, werden Sie die nächste Stunde mit den Zwillingen überleben.

Wie alt die sind?

Zwei.

Was sagen Sie? Niedlich sind die? Soll ich nicht doch lieber hierbleiben?

Gut, noch etwas zum Essen: Wenn sie kein Brot essen wollen, geben Sie ihnen Süßigkeiten und Nachtisch. Ja, so viel sie essen können. Verstehen Sie, der Trick ist, sie mit dem süßen Zeug vollzustopfen, bis sie selbst nach Brot verlangen. Das Gleiche gilt natürlich für Wasser oder Tee. Wenn sie nicht wollen, kein Problem, geben Sie ihnen Saft oder Limonade. Cola haben wir auch. Die werden schon sehen, was sie davon haben. Man kann sie sowieso zu nichts zwingen. Auch nicht zum Schlafengehen. Bitte nötigen Sie sie nicht dazu, lassen Sie sie fernsehen. Nach 22 Uhr sollten Sie aber den Ton ein wenig leiser stellen. Ach Gott, ja, beim Händewaschen wird das Bad immer ganz nass — und die Kleidung erst! Am besten, Sie wechseln die Kleidung nach jedem Essen und jedem Waschen, wir haben ja genug davon. Ach — und falls die Kleinen in die Windeln machen, wickeln Sie sie nicht, die werden das schon aushalten.

Was sagten Sie? Ich kann Sie gerade nicht verstehen? Was?

Ach ja, lassen Sie sie nur schreien, die sollen sich so richtig austoben. Nein, die Schränke sind nicht tabu, sie können sich ruhig darin umsehen und sie ausräumen. So ein Kind ist ja neugierig, was soll man da machen …

So, das war's. Ich denke, es ist alles geklärt.

Was sagen Sie? Eigentlich bräuchten Sie gar nichts zu tun, außer irgendwie die Zeit totzuschlagen? Das gefällt Ihnen? Haben Sie schon mal daran gedacht, Kindergärtnerin zu werden?

WISSENSCHAFTLICHES
AUS DEM KINDERZIMMER

Schlechte Laune fällt nach unten und dort bewegt sie sich seitwärts. Ich kann das nachweisen, wissenschaftlich sogar. Ich könnte eine richtige Versuchsreihe aufbauen. Es ist gar nicht schwer. Man braucht zwei kleine Kinder dazu, vielleicht Zwillinge, wenn gerade zur Hand. Kleinkinder, wenn möglich, aber ich denke, es funktioniert auch bei älteren. Nun setzt man beide Kinder auf den Boden und beobachtet sie eine Weile. Es ist gut möglich, dass sie sich zuerst gut verstehen. Sie brabbeln lustiges Zeug, von dem man nur die Hälfte versteht, die andere Hälfte klingt, als spräche jemand mit starkem amerikanischen Akzent chinesisch. Dann machen sie Faxen und fangen vielleicht an, durch die Gegend zu rennen. Sie lachen sich dabei kaputt, werfen sich übereinander oder spielen sogar zusammen.

Es wird nicht lange dauern, bis Folgendes passiert: Obwohl gerade noch herrliche Eintracht herrschte, passt plötzlich einem der Kinder irgendetwas nicht – oder besser noch, es will genau das haben, was das andere Kind in der Hand hält, obwohl es möglicherweise genauso aussieht, riecht und schmeckt wie das Teil in der eigenen Hand. Nun also nimmt sich das eine Kind dieses Teil, woraufhin das andere Kind natürlich ein riesiges Theater macht, als wäre ihm das Herz aus dem Leibe gerissen worden. Da war schon der erste Beweis: Die schlechte Laune hat sich seitwärts bewegt.

Nun könnte man dies eine Weile beobachten, vor allem, wie die schlechte Laune hin und her flutscht, doch wir wollen das Experiment ein wenig vorantreiben. Nehmen wir also das am lautesten schreiende Kind auf den Arm und beobachten, wie dessen schlechte Laune fast augenblicklich nach unten fällt und das dort verbliebene Kind trifft. Jenes fängt sogleich an zu schreien oder es schreit noch irrer als zuvor. Auch diesen Vorgang könnte man jetzt unendlich wiederholen – oder wenigstens so lange, bis einen die Hexe schießt.

Natürlich bestätigen Ausnahmen die Regel – oder besser noch: Es gibt Ausnahmen, die sind so verblüffend, dass sie dem Experiment einen besonderen Reiz verleihen. Manchmal nämlich bewegt sich die schlechte Laune erst seitlich und dann nach unten, wo sie sich explosionsartig in alle Richtungen ausbreitet.

Folgendes passiert in diesem Falle: Man nimmt das Kind hoch, welches gerade am lautesten schreit, und dieses schlägt einem, anstatt sich zu beruhigen, wütend mit dem Ellbogen einen Zahn aus oder sticht einem einen Finger ins Auge. Augenblicklich – glauben Sie mir, verehrtes Publikum – wandert die schlechte Laune noch in der Luft zur Seite. Wütend stellt man das Kind auf den Boden, verpasst ihm eine schallende Ohrfeige und kann nun beobachten, wie in allen Richtungen alle anfangen zu schreien – auch die Frau, die zufällig reinkam und gesehen hat, wie man dem Kind eine geballert hat. In diesem Moment ist das Experiment dann beendet.

Des Weiteren gibt es noch von anderen Forschungsergebnissen zu berichten. Kennen Sie die Gesetze, die angeblich von diesem gewissen Murphy aufgestellt wurden? Es sind natürlich keine wirklichen physikalischen Gesetze, sondern die Annahme, dass alles, was schiefgehen kann, auch schiefgeht — und zwar auf die schlimmstmögliche Art und Weise. Als Beispiel dafür wird gern das Butterbrot angeführt, das, wenn es herunterfällt, immer auf der bestrichenen Seite landet. Dem muss ich aber ausdrücklich widersprechen. Es besteht eine Chance von etwa fünfzig Prozent, dass das Brot auf der unbestrichenen Seite landet, man es also aufheben und es dem Kind wieder zu essen geben kann. Genauer gesagt, 371 Mal bei 748 Versuchen.

Außerdem kann es sein, dass eines der Kinder irgendwo hochklettert und nicht abstürzt, obwohl jede Wahrscheinlichkeit dafür spricht. Dann rennt man, seine Panik unterdrückend, dem Kind entgegen und sammelt es von der Gardinenstange; es ist also nicht das Schlimmstmögliche eingetroffen.

Auch wenn es eine Minute später beim zweiten Versuch abstürzt, bricht es sich nur den Arm und nicht das Genick, und die Gardinenstange bleibt ebenfalls heil — wo soll denn da jetzt das Schlimmste sein?

Leider konnte ich diese Versuchsreihe nicht ausweiten. Als ich las, wie viel die blöden Gardinen samt Stange gekostet haben, brach ich das Experiment ab.

Nun ein kleiner Exkurs zur allgemeinen Doofheit von Kindern, welche mir ebenfalls ein breites noch zu erforschendes Gebiet offenbart:

Ein Kind in meiner Verwandtschaft, etwa sechs Jahre alt, hatte einmal großen Spaß daran gefunden, mit Anlauf aufs Bett zu springen. Das klingt jetzt noch nicht so dramatisch, nur befand sich am Kopfende des Bettes ein großer Heizkörper mit einem guten Dutzend schmalrückiger Rippen, die nur dafür gemacht schienen, einem Kind den Schädel zu spalten.

Nun ließ der Bursche, nennen wir ihn Tim, sich auch vom dummen Gerede seiner Eltern nicht abschrecken, die ihn ermahnten und auf die Gefahren seiner Tollerei hinwiesen.

Natürlich, es musste so kommen, sprang er einmal zu weit, federte von der Matratze und rammte mit dem Kopf den Heizkörper, der natürlich keinen Millimeter nachgab. Sofort platzte die Birne auf und Blut spritzend wie ein kaputter Gartenschlauch rannte er zu seinen Eltern, die ihm eine Steppdecke um den Kopf wickelten und ins Krankenhaus fuhren. Dort nähte man den Burschen, wickelte ihm einen Turban um den Schädel und schickte ihn nach Hause, wo er nichts Besseres zu tun hatte, als wieder Anlauf zu nehmen und aufs Bett zu springen.

Das wiederum erinnert mich jetzt an eine kleine Episode, die sich vor etwa fünf Jahren zugetragen hat. Ich kam gerade zu Fuß nach Hause, als ich zwei etwa zehnjährige Jungen auf einer Mauer herumklettern sah. Genau genommen, stiegen sie gerade von der Mauer, die etwa zwei Meter hoch war, auf einen Metallzaun. Nun habe ich es mir schon längst abgewöhnt, einem Zehnjährigen etwas erklären zu wollen. Damals aber wollte ich dem Ersten der beiden Burschen den Tipp geben, dass sich sein Hosenbein an einer der Zaunsspitzen verfangen hatte. Er dankte mir, indem er mir wohlerzogen den Stinkefinger zeigte. Dann sprang er ab und es geschah, was ich vorausgesehen hatte: Seine Hose blieb hängen, noch in der Luft drehte er sich mit dem Kopf nach unten und er landete auf selbigem. Auch diese Birne platzte ein wenig auf.

Nun wollte ihm sein Kamerad, der noch auf dem Zaun balancierte, zu Hilfe eilen und … Na, ahnen Sie es? Ich jedenfalls wollte mich nicht weiter dazu äußern und beobachtete nur, dass er weicher fiel als der Erste. Dann rappelten sich beide auf und rannten heulend zu ihren Muttis.

Ich sage ja, es ist ein weites Forschungsfeld.

So, jetzt aber noch etwas wissenschaftlich Fundiertes: Früher wollten mir die Menschen einreden, ich wäre hochgradig nervös. Selbst jetzt passiert es mir, dass ich gefragt werde, ob ich aufgeregt sei. Das liegt an meinem Gezappel mit den Beinen. Meistens ist es das rechte. Ich stelle im Sitzen den Fuß auf den Ballen und mache das, was Bergsteiger unbedingt vermeiden wollen, nämlich die sogenannte *Nähmaschine*, also ein hochfrequentes Auf-und-ab-Federn des gesamten Beines, etwa hundertvierzigmal in der Minute. Zum einen bin ich aber meist nicht nervös, zum anderen geschieht dieses Gezappel jederzeit und immer, sogar jetzt, während ich schreibe. Es ist meine Natur, es ist eine Art Ventil, dachte ich immer. Etwas, was ständig Energie aus mir heraussickern lässt, damit der Kessel nicht eines Tages platzt und all der angestaute Mist, die kleinen und großen Ungerechtigkeiten, die mir das Leben schwer machen, durch die Gegend fliegt.

Nun aber bin ich auf die wahre Natur dieses Zappelns gestoßen. Es dient dazu, Kinder zu beruhigen. Schreit eines, oder hat geschrien, als sie noch ganz klein waren, nehme ich es auf meinen Schoß und es dauert keine fünf Sekunden, da ist das Kind selig eingeschlafen – oder es hat irgendwann gekotzt. Dann konnte ich wenigstens behaupten, dem Kind wäre schlecht gewesen und es hätte deshalb geschrien. Nein, jetzt mal im Ernst, Sie nehmen mir sonst gar nichts mehr ab. Fast scheint es, als wäre mein Gezappel wirklich dafür geschaffen. Es verbreitet eine leichte Vibration, welche die Muskeln aller Anwesenden entspannt und manchmal, wenn sich ein Resonanzkörper im Raum befindet, zum Beispiel die Gläser im Schrank, ein leises Summen verursacht. Eines von der angenehmen Sorte. Eines, das die Menschen sich zurücklehnen und schmunzeln lässt.

Unsere Kinder kamen oft in den Genuss, direkt auf meinem Oberschenkel zu sitzen. Mancher gibt ja für einen Massagesessel oder eine vibrierende Matratze Hunderte Euro aus, ich denke, der Effekt war der gleiche. Jedenfalls hielten sich die Dreimonatskoliken in Grenzen, womit für mich der Nutzen wissenschaftlich erwiesen ist. Basta!

DICKE BÄUCHE

Wir alle haben sie schon gesehen, nicht wahr? Ältere Männer mit dicken Bäuchen. Besser gesagt: alte Bauarbeiter mit dicken Bäuchen. Sie stehen auf den Baustellen oder am Straßenrand scheinbar nutzlos herum, während drei Leute eine Grube buddeln. Sie stemmen die Hände in die Hüften oder schieben sich gerade die Mütze ins Genick. Sie raunzen die anderen Handwerker an oder betrachten stumm und lebenserfahren, was passiert. Keine Spur von Scham, kein albernes Versteckspiel mit langer, weiter Kleidung, um etwas von der Plauze zu vertuschen. Nein, dieser in vielen Jahren gewachsene Bauch ist nichts Wabbliges, er ist etwas Festes, etwas, in dem Kraft gespeichert ist. Er ist ein Statussymbol, gleichzusetzen mit dem silbernen Rücken eines alten Gorillas. Und manchmal, wenn sie sich bücken, kann man sogar die Sparbüchse sehen.

Albern, nicht wahr?

Lächerlich sogar?

Keineswegs. Ich sage Ihnen mal was: Diese Männer sind das Öl im Getriebe unserer Gesellschaft. Alles, was geschieht, alles, was befohlen wird oder angewiesen, alles, was geplant wird oder berechnet, irgendwann fällt es in die Hände dieser Männer. Glauben Sie, Obama ist der wichtigste Mann dieser Welt? Glauben Sie, die Kanzlerin würde die Geschicke der Menschheit bestimmen? Vergessen Sie das! Letztendlich sagen solche Leute irgendetwas oder drücken sogar mal einen roten Knopf, wenn sie einen ganz schlechten Tag hatten, doch was sie sagten oder taten, nimmt den Weg nach unten und trifft letztendlich einen dieser dicken Bäuche, die unter einer Zimmermannsweste hervorlugen, und der macht dann etwas daraus.

Stellen Sie sich eine Welt vor, in der plötzlich die Computer nicht mehr funktionieren, in der Autos nicht mehr anspringen, weil die ja auch schon Computer sind. Eine Welt, in welcher Melkmaschinen ausfallen, Heizkraftwerke oder die Berechnungsprogramme von Architekten und Statikern. Es werden diese Männer sein, die mit ihrem Wissen, mit ihrer an Sturköpfigkeit grenzenden Ruhe, unbeeindruckt von dem, was geschehen ist, wieder ans Werk gehen. Es sind Männer, die wissen, wie ein Haus gebaut wird, die wissen, wo die Drainage hingehört, wie der Heizungsrücklauf funktioniert, welcher Türsturz verwendet und wie die Fenster eingebaut werden. Männer, die eine Kuh notfalls per Hand melken können oder wissen, wie man das Heizkraftwerk manuell hochfährt. Männer, die wissen, wo unter der Straße der Hauptstromanschluss liegt, Männer, die wissen, wie man eine Wiese entwässert, einen Brunnen bohrt und ein Auto zum Laufen kriegt. Die wissen, wie man Bier braut, Holzkohle und Wurst herstellt. Die wissen, wie man Flanschen flanscht und Muffen mufft, Drainagen trainiert, Versatz versetzt und was weiß ich noch alles. Wahrscheinlich wüssten sie sogar, wie man einen Blinddarm operiert. Und wenn sie erst einmal zupacken, sieht man, welche Kraft in ihnen steckt, in den scheinbar dicken Bäuchen und den behaarten Armen und hornigen Händen. Dann heben sie Gullydeckel heraus, stemmen Zementsäcke, für die man sonst vier Controlling-Assistenten bräuchte, oder schleppen eine Schubkarre voller Ziegel aufs Dach. Diesen Männern können Sie nichts vormachen. Denen brauchen Sie nichts von Abitur und Germanistikstudium erzählen, erst recht nichts von Informatik oder Geisteswissenschaften, nichts von juristischen Regelungen und Befehlswegen, die eingehalten werden müssen. Auf diese Männer sind wir angewiesen – erst recht, falls einmal ein Unglück über uns kommen sollte, welches all unsere Computer dahinrafft. Diese Männer mit den dicken Bäuchen werden dann die Vorreiter einer neuen Zivilisation sein. Und wir werden zu ihnen aufsehen und sie ihres praktischen Wissens, ihrer zupackenden Hände und ihres Mutes wegen bewundern. Sie gehen die Dinge an. Sie werden unsere Könige sein. Warum also nicht schon jetzt?

He, ihr Männer mit den dicken Bäuchen! Ihr seid meine Herolde! Ich bewundere euch, ich bestaune euer unerschöpfliches Wissen, eure Ruhe, eure Kraft! Vergiss Fußballprofis! Vergiss Computerexperten! Vergiss Innenraumdesigner! Vergiss Ernährungsexperten und Homöopathen! Ihr seid meine wahren Helden! Schlanke, im Fitnessstudio trainierte junge Männer mit gefärbten Haaren und gezupften Augenbrauen, die Pornobrillen tragen und Ohrringe, die in ihrem BMW in der Tempo-30-Zone mit lauter Musik an einem vorbeidonnern, sind dagegen wie Seifenblasen im Sommerwind. Sie schillern in den schönsten Farben und zerplatzen feucht beim kleinsten Widerstand. Niemand braucht euch! (Aber ich mag Seifenblasen.)

SCHEIDEN TUT WEH –
EINE KLEINE ANLEITUNG

Herzlichen Glückwunsch, Sie sind jetzt geschieden. Was fangen Sie damit an? Zum einen: Verzweifeln Sie nicht! Es ist ein alter Spruch, aber das Leben geht weiter. Sie haben sie geliebt, nicht wahr? Natürlich. Und die Kinder auch. Aber die sind nicht weg, die leben nur woanders. Klar ist es hart, aber Sie werden darüber hinwegkommen. Sie müssen umdenken und analysieren – und wenn es Ihnen hilft, denken Sie an folgende Worte: Sie wird mit dem nächsten Mann genauso glücklich und unglücklich sein, wie sie es mit Ihnen war, und bestimmt gibt es genügend Momente, in denen sie bereuen wird. Sie werden nicht dabei sein und Sie haben nichts davon, aber vielleicht hilft es ein wenig. Auch wenn diese kleinen Rachegedanken dumm und nichtig sind, manchmal helfen sie über die härtesten Momente hinweg. Vor allem werden Sie eines Tages feststellen, dass es nicht die Frau ist, die Sie vermissen, und wahrscheinlich nicht einmal die Kinder. Es sind die guten alten Gewohnheiten, mit denen Sie brechen mussten. Der Mensch ist ein Gewohnheitstier, er will, dass alles so läuft wie üblich, weil es gut so ist und bequem. Aber das heißt auch, dass er sich schnell an Neues gewöhnt.

Wer war schuld? Wer weiß das schon? Aber trösten Sie sich damit, dass beide gleich viel Schuld hatten. Egal, was sie sagt, es ist genau die gleiche Schuld, egal, wer aktiv und wer passiv war in Ihrer Ehe. Oder gab es einen konkreten Anlass? Ja? Dann wissen Sie ja, wer schuld war. Waren Sie es, dann haben Sie den Schmerz verdient, auch wenn er Ihnen ungerecht und viel zu hart vorkommt. Wenn das Vertrauen weg ist, ist es weg. Jede gerettete Beziehung ist nichts weiter als ein alter Geräteschuppen, den man nur noch einmal weiß getüncht hat. War sie es? Ist sie fremdgegangen? Hat sie Sie wegen eines anderen verlassen? Dann können Sie reinen Gewissens sein und den Schmerz in einen gesunden Hass umwandeln, einen Hass, der Sie veranlassen sollte, all die Dinge zu tun, deren Unterlassen sie Ihnen vorgeworfen hat. Nehmen Sie ab, lernen Sie tanzen, schaffen Sie den Müll regelmäßig runter, fahren Sie in den Urlaub, lassen Sie sich die Haare anders schneiden und rasieren Sie sich den dämlichen Schnauzbart ab.

Betreten Sie nun Ihre Wohnung, die auf einmal so riesig ist und so still – und leer vor allem. Wo noch vor Kurzem kleine Kinderfüße trappelten, wo es klapperte und plapperte, ist jetzt alles leer. Die Umrisse der Möbel und der Bilder kann man noch erkennen. Staub da, wo vor Kurzem noch die Kinderzimmerschränke standen. Niemand, der „Papa, Papa!" schreit und auf Sie zugerannt kommt. Ein harter Moment. Doch halten Sie inne, bevor Sie irgendetwas tun oder irgendwen anrufen! Halten Sie sich irgendwo fest, gehen Sie nicht in die Knie, bleiben Sie auf jeden Fall stehen; es könnte sein, Sie kommen nicht wieder hoch. Es ist ein Moment, eine Stunde, eine Phase vielleicht, aber sie geht vorbei. Kein Gefühl dauert ewig. Vielleicht hilft eine Flasche Bier – oder zwei. Vielleicht auch drei. Und am nächsten Tag ebenfalls und am übernächsten. Aber dann sollten Sie wieder aufhören damit. Fangen Sie an umzuräumen. Kündigen Sie die Wohnung. Suchen Sie sich eine kleinere, eine, die Ihnen gefällt, in einer Gegend, in die Sie schon immer ziehen wollten. Denken Sie nicht unbedingt an den Fahrweg zu Ihrer Ex-Frau. Der ist nicht relevant, so lange Sie in derselben Stadt bleiben.

Hoffentlich haben Sie nicht wegen einiger dummer Möbel gestritten. Möbel sind nur Möbel, kein Grund, deshalb in Streit zu geraten. Versuchen Sie, nett zu bleiben. Will sie das Sofa, soll sie es haben. Will sie den Couchtisch? Von mir aus geben Sie ihr auch den Fernseher. Es ist eine Chance. Überlegen Sie: Wie lange haben Sie wirklich mal für sich allein gelebt? Lange war es nicht, oder? Man hatte damals kaum Geld, war eigentlich noch ein Muttikind, auch wenn man weg war von zu Hause – und dann kam schon SIE. Jetzt sind Sie allein. Jetzt haben Sie Ihre neue Wohnung, haben sich einen Fernseher gekauft und eine bequeme Couch. Sie haben das Klo ganz für sich allein und wenn Sie von der Arbeit nach Hause kommen, ist Ruhe.

Ja, die Kinder! Die Kinder sind schwerer zu vergessen als die Frau, nicht wahr? Sie lassen sich nicht aus dem Kopf verbannen. Aber wissen Sie was? Es ist nun mal so. Verstehen Sie? Man kann es nicht ändern. Die Kinder kommen aller zwei Wochen am Wochenende, machen Sie das Beste daraus, erziehen können Sie die sowieso nicht mehr, und egal, was Sie machen, Ihre Ex wird Ihnen irgendwann vorwerfen, Sie hätten es falsch gemacht. Ihre Kinder werden Sie zwar weiterhin *Papa* nennen, aber Sie sind nicht mehr der Vater, der Sie waren. Irgendwann werden Sie zu einer Art Kumpelfigur. Gewöhnen Sie sich auch an den Gedanken, dass ein anderer kommen wird, der Ihre Kinder mit erzieht. Hoffen Sie darauf, dass Ihre Ex nicht plötzlich an Geschmacksverirrung leidet. Akzeptieren Sie den anderen, auch wenn es schwerfallen wird, aber mit ihm werden Ihre Kinder mehr Zeit verbringen als mit Ihnen. Und zur Wiederholung: Vergessen Sie nicht, es geht vorbei, kein Gefühl hält ewig.

Sind Sie so weit? Neue Wohnung? Neu eingerichtet? Klo eingesessen? Waschmaschine angeschlossen?

Rekapitulieren Sie: Wer ist vom Freundeskreis geblieben? Wen kann man anrufen? Mit wem kann man Billard spielen gehen? Rufen Sie an! Tun Sie nicht so, als wäre nichts, aber heulen Sie nicht rum, erwarten Sie kein Mitleid. Die Hälfte der Leute ist neidisch auf Sie. Gehen Sie Ihren Hobbys nach. Rennen Sie nicht gleich der erstbesten Frau hinterher, die Sie anlächelt. Oder doch? Doch, rennen Sie ihr hinterher, versuchen Sie, einen Treffer zu landen, schließlich wissen Sie längst nicht mehr, wie es ist, mit einer anderen zu schlafen. Aber verkneifen Sie es sich, mit ihr eine Beziehung einzugehen. Oder soll ich es drastischer ausdrücken? Vögeln Sie sich die Seele aus dem Leib, das hilft manchmal. Seien Sie ein bisschen gemein, es ist besser für Sie beide. Und mal ehrlich, ein bisschen Gemeinheit haben alle Frauen verdient, oder?

Wissen Sie, ich glaube, das stimmt nicht – genauso wenig, wie es stimmt, dass alle Männer Hornochsen sind. Aber ein wenig hilft auch das, nicht wahr?

Sind Sie schon so weit? Haben Sie die Leere-Wohnung-Phase hinter sich gebracht? Sind Sie umgezogen? Auch die Weiber-können-mich-mal-Phase ist erledigt? Dann fangen Sie an, etwas daraus zu machen. Jetzt – nach ein paar Wochen oder Monaten – stellen Sie fest, dass es auch noch ein anderes Leben gibt. Eines, in dem man entspannter lebt, eines, in dem man in seiner Wohnung auch in Unterhosen herumlaufen kann. Eines, in dem man niemandem Rechenschaft schuldig ist, in dem man Computer zocken kann oder Poker spielen oder Pornos sehen, in dem man mal eine Frau in die Wohnung mitnimmt oder auch nicht. Dieses Leben kann kein Dauerzustand sein, natürlich nicht, es führt zu nichts Gutem – doch wer verbietet es einem, die nächsten ein, zwei, drei, fünf Jahre so zu leben? Eine neue Frau und neue Kinder kommen eher als man denkt.

Und wie geht es Ihnen jetzt, da ein Jahr vorbei ist?

Habe ich es nicht gesagt? Haben Sie etwas festgestellt? Jetzt – als erwachsener Mann – kann man mit dem Allein-sein mehr anfangen als damals, als man dachte, man wäre ein erwachsener Mann. Jetzt kann man sich etwas leisten, jetzt sehen einen die Frauen mit anderen Augen an und mancher Mann wünschte sich, er könnte Ihr Leben führen.

Zweifel? Ja, die bleiben immer. Man muss mit ihnen le-ben wie mit gelegentlichen Kopfschmerzen. Schuldgefühle sollte man vermeiden. Was man nicht vermeiden sollte, ist, darüber nachzudenken, was man falsch gemacht hat, im Großen und Ganzen und auch im Detail. Vielleicht hilft das beim Umgang mit der nächsten Liebe, um eine bessere Beziehung zu führen – aber wahrscheinlich nicht.

JUCHHE, EIN KLISCHEE!

„Gehen wir da rein?"
„Ja, ist okay."
Der wievielte Laden ist das jetzt? Keine Ahnung. Nummer zehn vielleicht? Oder elf? Jedenfalls scheinen die kein Ende zu nehmen. Wer kauft nur so viele Klamotten? Das ganze Center ist voller Klamotten- und Schuhgeschäfte! Gibt's gar nichts anderes mehr? Früher gab es Plattenläden. Zum Beispiel … Mehr fällt mir gerade nicht ein. Aber so viele Klamottengeschäfte? Gab es damals nicht, nein. Sieh sie dir nur an, diese Verkäuferinnen! Wie sie tun! „Hallo!", rufen sie freundlich. Scheinheilig eher. Wir haben ihr Gespräch unterbrochen, jetzt müssen sie warten, bis wir wieder raus sind. Ich sage nichts mehr, nicht mal hallo. Sollen sie denken, was sie wollen. Stehen hier den ganzen Tag, als gehörte ihnen das Zeug. Tun sogar so, wenn man etwas kaufen will. Als gäben sie es nicht gern her. Ansonsten stehen sie rum und posen. Ja, ihr seid alle toll und schön. Ich seh lieber auf den Bildschirm, anstatt euch die Genugtuung zu geben, euch anzustarren. Was läuft denn da? Ein Musikvideo ohne Ton. Ja, warum auch nicht? Ton gibt's hier die ganze Zeit. Verblödet wird man mit Musik, ob man will oder nicht.

Oh, jetzt hat sich eine bewegt! Da! Jetzt geht sie hinter, entfaltet regelrechte Aktivität. Was sie nur tut? Ich habe das jetzt schon zwanzigmal gesehen. Sie erwachen aus einer Art Starre, stellen sich vor eine mobile Kleiderstange, fetzen Kleider und T-Shirts herunter, hängen sie um, werden immer schneller dabei. Sortieren sie etwas? Mittlerweile hat die hier jedes Teil schon zweimal in der Hand gehabt und ich fresse einen Besen, wenn nachher nicht alles wieder so hängt wie zuvor. Jetzt sieht sie mich an und grinst blöd, denkt, ich hätte ihr auf den Hintern gestarrt. Kannst du vergessen, Süße, ich seh keiner Frau mehr auf den Hintern. Wenn das meine Liebste mitbekäme, wäre der Abend gelaufen. Und so berauschend ist deine Rückseite sowieso nicht.

So, was denn nun? Guckst rum, als gäbe es hier nichts für dich – und schon sind zehn Minuten rum. Was tut sie jetzt? Das Teil nimmt sie und zeigt es mir? Kann sie nicht ernst meinen, bestimmt ein Aufmerksamkeitstest.

„Niemals!"

Sie verzieht das Gesicht. Sie hat es doch ernst gemeint. Meinetwegen – soll sie so herumlaufen, Hauptsache, wir kaufen endlich was.

Was fasst sie jetzt an? Okay, sie fasst bloß an. Warum sie das tut? Keine Ahnung. Vielleicht nimmt sie mental Kontakt auf zu der Bluse. Vielleicht markiert sie sie. So wie dieses rosa Dingsbums im ersten Laden, um das sie eine halbe Stunde lang herumgeschlichen ist, als müsste sie es belauern, ob es sich bewegt. Das war, als ich noch dachte, der Einkaufsbummel wäre schnell erledigt. Inzwischen sind Stunden vergangen.

Oh, wie lange sieht sie schon zu mir herüber? Keine Ahnung. Zeigt mir was. Sieht fast so aus wie das Teil in dem vierten Laden, das sie zweimal anhatte und doch wieder weghängte.

„Probier's mal an!"

Nein, will sie nicht? Warum sieht sie dann her?

Los jetzt, nimm das Teil daneben! Ja, das sieht sogar ganz gut aus. Deine Größe ist nicht da? Jedes Mal der gleiche

Mist! Hat sie endlich was gefunden, gibt es die Größe nicht mehr. Gut, ein Regal weiter. Ja, nimm das und das! Jetzt hängt sie es wieder rein. Jetzt nimmt sie es wieder raus. Jetzt hängt sie es wieder rein. Mann, tun mir die Knochen weh und meine Füße brennen! Was findet sie nur daran? Jede Wette, sie nimmt nichts mit — wie schon in den anderen Geschäften. Sie probiert alles an und nimmt es dann doch nicht. Und ich wette außerdem, die meisten Klamotten hier sind schon Hunderte Male anprobiert worden. Bisschen eklig eigentlich … Ich werde sie mal darauf hinweisen, heut Abend, wenn wir im Bett liegen. Mal sehen, ob sie dann noch einmal duschen geht.

„Ja, ich komme!", sage ich, weil sie gewunken hat.

Endlich geht sie zur Kabine. Was, keine Stühle hier? Der zweite Laden war gut. Superbequeme Sessel! Hätte ich sitzen bleiben können, den ganzen Abend. Sogar die Musik war angenehm. Als ich die eine fragte, wie der Song hieße, sagte sie: „Keine Ahnung, das bekommen wir von jemandem eingespielt."

Ach, hau doch ab, du dumme Tussi! Bist ja nicht mal dazu gut – hab ich nicht gesagt.

Da, der Vorhang wackelt!

„Sieht super aus."

Nein? Sieht nicht super aus? Das ganze Gegenteil davon? Gut, das macht sie mit Absicht. Sie wird es ja nicht mit in die Kabine genommen haben, wenn es ihr nicht gefällt, nur um mir eins auszuwischen, oder? Los, komm schon! Das nächste Teil!

„Steht dir nicht."

Jetzt mault sie. Das wollte sie also. Wie soll ich jetzt die Kurve kriegen?

„Na ja … obwohl … Dreh dich mal!“

Zu schnell darf ich nicht umschwenken, dann merkt sie, dass ich lüge.

„Mach das mal höher da! Ja, so sieht es super aus.“

Jetzt freut sie sich hoffentlich.

Was? Ist viel zu teuer? Warum – zum Teufel – hat sie es dann anprobiert?

Was? Jetzt soll ich auch noch etwas holen? Dieses hellgrüne Dingsda rechts neben dem Eingang. Das war doch wirklich einfach nur grässlich. Soll ich es ihr gleich sagen? Eigentlich ist es mir egal. Mittlerweile könnte sie sich sogar einen Kartoffelsack kaufen. Hauptsache, irgendwas. Aber wenn ich es jetzt nicht sage, muss ich jedes Mal lügen, es sähe super aus, wenn wir weggehen und sie es anzieht. Noch schwerer wird es dann, so zu tun, als gehöre sie nicht zu mir.

Aber was soll's? Ich hab die Faxen dicke.

„Hier!“ Ich gebe es ihr rein. Beim Weggehen versuche ich durch die Spalten der anderen Kabinen zu sehen, es lohnt sich aber nicht.

Jetzt kommt sie wieder raus und hat das grüne Ding doch nicht anprobiert. Vielleicht sollte ich es nur zum Vergleich holen, damit sie sich die anderen Teile schönsehen kann? Das würde aber bedeuten, wir müssten das grüne Ding ebenfalls kaufen, damit sie es sich zu Hause an den Schrank hängen kann. Hoffentlich denke ich dran, dass es nur ein Kleid ist, wenn ich nachts auf Toilette muss.

Ob ich keine Lust mehr hätte? Was für eine Frage! Ich bin tot, ich hab die Schnauze voll, jegliche Belohnung ist mit schnurzpiepegal! Ich will nicht mehr essen gehen und auch keinen Sex! Ich will nur noch sitzen, einen Fernseher anglotzen und keine Klamottengeschäftmusik mehr hören.

„Nein, mach nur."

Jetzt verzieht sie den Mund. Hab ich ihr den Spaß verdorben?

Einen ganzen Tag meines Lebens hab ich wegen ihr eingebüßt! Zumindest kommt es mir so vor ...

„Einen noch", sagt sie.

Ist denn immer noch nicht Ladenschluss? Ich bin sicher, dass wir uns in jedem Geschäft mindestens eine Stunde aufgehalten haben. Ich hab doch auf die Uhr gesehen. Vergeht die Zeit in den Läden langsamer? Haben die ein physikalisches Schlupfloch gefunden? Nutzen es, damit die Frauen noch mehr Zeit haben, Klamotten anzufassen? Das hieße aber, die hingen alle zusammen. Wundern würde mich das nicht. Deshalb sind die alle so desinteressiert – weil es ihnen egal ist, in welchem Laden der Umsatz gemacht wird.

„Einen noch?"

Sie nickt und lächelt. „Bloß mal kurz gucken", sagte sie. „Sieht von außen so interessant aus. Und dann gehen wir noch mal schnell zu dem ersten Laden – wegen des rosa Teils."

Lieber Gott, mach, dass es noch da ist und sich der Weg durch die halbe Stadt lohnt!

„Ich hätte es mir gleich kaufen sollen", sagt sie, „ich fand es vom ersten Moment an toll."

Sag noch mal einer, wir Männer wären kompliziert.

MEIN MONUMENT

Ich hab dich schon längst gesehen. Kommst mir entgegen. Hast dich verändert. Dein Haar ist kürzer, dein Gesicht nicht mehr so schmal. Die Jahre haben auch an dir Spuren hinterlassen. Nichts Schlimmes, aber man sieht, dass du nicht nur gelacht hast. Weiblicher bist du geworden, die schlanke Grazie der kindlichen Jugend ist verschwunden, doch in deinem Gesicht erkenne ich noch das Mädchen, in das ich mal verliebt war.

Der Tag ist schön, das Wetter mild, Licht lässt die Blätter der Bäume glitzern, zeichnet deine Züge weich. Jetzt siehst du auf, fängst meinen Blick, willst erst wegsehen – dann huscht plötzlich Erkennen über dein Gesicht wie der Sommerregen, der uns überraschte und uns das werden ließ, was man *romantisch* nennt. Jetzt ist dieser Sommerregen ein Monument in meinem Gedächtnis, eines der wenigen wirklichen Monumente. Wenn die Melancholie mich packt, setze ich mich an seinen Sockel und weine still in Gedanken.

Einen Moment lang siehst du aus wie der erste warme Frühlingstag, deine Augen leuchten auf, streichen wie ein Sonnenstrahl über mich hinweg. Einen Moment lang nur – und doch lang genug, um etwas in meinem Herzen zu berühren, was in einer silbernen Schatulle eingeschlossen und vergessen schien. Dein Lächeln bleibt, doch die Realität kennt keine Gnade. Es war nur kurz, dass wir uns einmal nahe waren, viel zu kurz, um dem wirklich Wert beimessen zu können, ein Augenblick in unserer jetzigen Zeitrechnung, in der ein geplantes Treffen sich schnell mal um zwei Jahre verschiebt und ein versprochener Anruf monatelang auf sich warten lässt. Was sind schon diese drei, vier Wochen, damals, als wir uns erwachsen glaubten und doch das waren, was wir heute Kinder nennen? Aber so ist es nicht. Diese kurze Zeit wiegt schwer, besonders jetzt, da wir uns zufällig treffen und uns bewusst wird, dass wir damals nicht einmal halb so alt waren, wie wir es jetzt sind.

Ich verzögere meinen Schritt und du tust es auch. Unmerklich nur, um nicht aufzufallen, dein Mann und deine Kinder sind an deiner Seite, und doch genug, um den Augenblick zu einem Moment auszudehnen. Du siehst mich an und unsere Blicke weichen nicht voneinander und gemeinsam kehren wir zurück und fragen uns, wie es gewesen wäre, wären wir nicht so jung gewesen. Hätten wir uns nicht getroffen, hätten wir uns nie gewagt, wäre der warme Regen nicht gewesen … Und jeder von uns fragt sich, wo diese Zeit geblieben und was in all den Jahren geschehen ist, wo die Menschen sind, die uns damals umgaben und uns mehr prägten, als es dem Zufall, der uns zusammenführte, zuzugestehen ist.

Aber für diesen kleinen Augenblick sind wir gemeinsam wieder dort angekommen, wir verstehen uns, wir sind aufgeregt und glauben, das Leben wäre voller Zauber. Für diesen kleinen Augenblick existiert die Frau neben mir nicht und auch nicht der Mann neben dir. Für diesen Moment vergisst du deine Kinder und ich die meinen. Wir sehen uns in die Augen und ich sehe sie blitzen, wie früher, als ich mich fragte, was ich wagen konnte, und ich glaubte, unsterblich in dich verliebt zu sein. Und einen Moment lang zweifelt man, ob man alles getan hat, wie es getan werden sollte. Hat man zu viele Chancen verstreichen lassen? Hätte man anders handeln sollen? Forscher, zurückhaltender? Doch man weiß, dass man keine zweite Chance hat, es anders zu machen. Schon ist der Moment vorüber, unsere Wege kreuzen sich, wir schenken uns ein kurzes, schüchternes Nicken und wissen, dass es kaum mehr werden kann. Dann bist du vorbei. Ich drehe mich nicht um und weiß, du wirst dich ebenfalls nicht umdrehen. Irgendwie freue ich mich und bin traurig zugleich. Trauere ich nur um dich oder um die Jahre, die vergangen sind, und die Menschen, die ich mit dir kannte, und um die Zeit, die damals noch unendlich schien und die wir viel zu oft haben scheinbar nutzlos verstreichen lassen? Wir sind noch nicht alt, aber in diesem Moment fühle ich mich so.

Nun wage ich doch einen Blick zurück, sehe dein Gesicht, wie es sich schnell abwendet — und noch einmal flammt der Gedanke in mir auf, die Skrupel zu überwinden, dir nachzugehen, dein scheinbar zufriedenes Leben aufzureißen und meines ebenso, dich anzusprechen, ohne wirklich zu wissen, was es anderes bewirken sollte, als alte Erinnerungen aufzufrischen, sie vielleicht zu zerstören, das Monument von seinem Sockel zu stürzen.

Doch die Realität nimmt mir die Entscheidung ab, zieht mich mit kleinen Händen nach vorn, fragt nach dem Wohin, fragt nach dem Warum und Wann. Und die Frau neben mir hat den Blick längst bemerkt, doch sie fragt nicht, in stillem Einverständnis, denn ich lasse es bleiben, meiner Vergangenheit nachzulaufen, so wie ich erwarte, dass sie auch die ihre ruhen lässt. So lasse ich dich ziehen wie ein Schiff, das mir auf einem Ozean nur zufällig begegnete. Zurück bleiben die Erinnerungen an den Sommerregen, das hohe Gras, den Heugeruch, die Schwalben, dein Lachen, den nassen Stoff auf deiner Haut und den ersten Kuss.

MIETERFRUST

Jetzt hab ich die Faxen aber dicke! Irgendwann ist es genug! Ich bin nicht gewillt, das noch länger zu dulden! Jetzt verklage ich meinen Vermieter!

Na logo, denken Sie bestimmt, wer hat seinen Vermieter noch nicht verklagt? Wer hat überhaupt noch nie gegen jemanden geklagt? Wo leben wir denn?

Nein, ich schicke es gern voraus, ich habe noch nie jemanden verklagt. Jetzt können Sie mich gerne hassen. Es gab noch keinen wirklichen Grund, jemanden zu verklagen, zumindest in meinen Augen. Meine Eltern konnten nichts dafür, dass ich so geworden bin, wie ich bin, das sehe ich vollkommen ein. Ich bin zwar das Produkt ihrer Gene, doch haben sie diese nicht absichtlich so zusammengetan, sonst wäre ich noch größer, noch schlanker und noch intelligenter geworden. Na ja was soll's … Meine Lehrer waren in das damals herrschende System eingebunden und taten ihr Bestes, einen guten und friedliebenden Menschen aus mir zu machen. Zum Glück kam die Wende im letzten Augenblick. Ich kann auch niemanden für meine Berufswahl verklagen und ebenso wenig für das beschissene Fernsehprogramm, denn die Sender dürfen offenbar selbst entscheiden, was sie ausstrahlen. Das müsste eigentlich verboten werden, doch derzeit gibt die Gesetzeslage keine Klagemöglichkeit her. Mein Kaffee bei *McDonald's* war auch noch nie zu heiß und von den wenigen Zigaretten, die ich bisher geraucht habe, hab ich noch nicht einmal Lungenkrebs bekommen.

Ich gebe aber zu, und ich weiß gar nicht, ob das heutzutage ein guter Charakterzug ist, ich kann offenbar eine

Menge wegstecken. Tja, tut mir leid. Wie gesagt, Eltern und Lehrer sind nicht verklagbar. Vielleicht könnte ich den lieben Gott verklagen, weil der mich so hartherzig gegen die Blödheit anderer gemacht hat. Das hat dieser kleine Junge bei *Ally McBeal* auch getan und hat sogar gewonnen, aber der liebe Gott hat ihn knallhart umgelegt dafür. Vielleicht hätte er lieber die Evolution verklagen sollen, dass sie ihn nicht zu einem Velociraptor gemacht hat, dann hätte er der Ally den Kopf abbeißen können. Aber ich merke gerade, dass ich mich verzettele.

Also gut, warum will ich meinen Vermieter verklagen?

Sie wissen bestimmt, dass nun nicht sofort eine Antwort folgt, sondern erst einmal eine ganze Menge Geschwafel.

Ich hatte ja schon einige Vermieter und die meisten von denen waren W...

Warten Sie, ich versuche es noch mal!

Also, sie waren Wwwweee ...

Beinahe hätte ich es geschafft.

Aber jetzt, Augen zu und ...

Wessis. Jetzt ist es raus! Ja, sie waren Wessis. Furchtbar, was? Ich kann Ihnen sagen, bei denen musste ich was aushalten! Vor allem musste ich Miete bezahlen. Diese Schweine! Aber dafür kann ich sie nicht verklagen. Verdammt!

Aber jetzt mal im Ernst: Ich hab wirklich eine Menge ausgehalten. So bin ich in eine Wohnung eingezogen, die so billig renoviert war, dass sie vor der Renovierung teuer gewesen sein muss. Die Besitzer waren so stolz auf ihre Arbeit – dachte ich –, dass sie mir zu jedem Zimmer einen genauen Bericht abgaben, was wie viel gekostet hat. Bald kapierte ich jedoch, worauf sie wirklich stolz waren. Nämlich darauf, wie wenig Geld sie für alles ausgegeben hatten, und ich muss schon sagen, erstaunlich, wie blind Geiz macht, denn eine Leichenhalle hätte wohnlicher ausgesehen. Die Türen waren allesamt ihrer Füllungen und Profile beraubt und einfach mit weiß lackierten Pressspanplatten benagelt. Die Türgarnituren waren offenbar wirklich aus der Leichenhalle geklaut, denn sie waren steril weiß und aus Plastik. Der Teppich war ganz offensichtlich aus einem Abbruchhaus gestohlen, einmal staubgesaugt und wieder eingebracht worden. Im Bad prangten die billigsten Fliesen an den Wänden – *dass* sie noch klebten, war wirklich erstaunlich. Der PVC-Belag in der Küche war auf den alten Belag draufgeklebt worden. Die Trockenbauwände waren so dünn, dass man mühelos mit dem Finger Löcher bohren konnte, wenn man ein Bild aufhängen wollte. Dabei durfte es sich aber nicht um ein schweres Ölgemälde handeln. Die Einbauküche war *benutzt*, um mal ein ganz harmloses Wort zu verwenden. Die Wände waren mit Raufaser tapeziert, wogegen ich nichts habe, doch erkannte ich dies erst nach einem Jahr, so viele Farbschichten lagen schon auf der Tapete.

Nun gut, ich denke, das alles ist kein Klagegrund. Die Gängelei aber schon, denn in diesem verdammten Haus blieb wirklich nichts geheim. Da konnte man nicht einmal einen Furz lassen, ohne dass die Vermieterin zehn Sekunden später klingelte, um einen vorwurfsvoll anzusehen. Einmal habe ich die Haustür offen gelassen – klingeling. Einmal hat das Kind Kiesel auf den Weg geworfen – klingeling. Einmal hat ein Freund eine Kippe aus dem Fenster geschnippt – klingeling. Einmal legte ich eine Leiche in den Keller – klingeling.

Ich weiß nicht, das sind alles keine richtigen Klagegründe, nicht wahr? Die Frau hat halt auf ihr Häuschen aufgepasst und auch schon mal die Polizei gerufen, weil die Handwerker auf dem Nachbargrundstück an einen Baum urinierten. Es war zwar nicht ihr Baum, jedoch hätte der Anblick sie abgestoßen.

Ich wollte schon sagen, sie hätte ja nicht hinsehen müssen, jedoch war ihr Mann promovierter Jurist und, wie ich wusste, extrem klagefreudig. So hatte er, wie er einmal stolz berichtete, wegen einiger kleinlicher Mängel den Steinmetz nicht bezahlt, der die Stufen im Treppenhaus gebaut hatte. Ich weiß nicht, was er damit erreichen wollte, dass er es mir als Handwerksmeister erzählte. War er vielleicht suizidgefährdet und hatte nur keine Lust, sich die Finger schmutzig zu machen? Bei mir jedenfalls war da nichts zu holen. Ich nickte nur und machte ein Gesicht wie: *Aha, interessant* … Gedacht habe ich: *Du blödes Schwein! Wegen ein paar Hundert Mark Schaden hast du hunderttausend nicht bezahlt!*

Tja, wer in solchen Momenten nicht zu feige ist, die Wahrheit zu sagen, soll sich bitte jetzt melden.

Ich stelle gerade fest, dass ich gar keinen Grund finde, die Vermieter zu verklagen. Wegen Geiz, Aufdringlichkeit, Geschmacklosigkeit und Neugier kann man niemanden verklagen, sonst hätte ich das Fernsehen schon verklagt. Als ich auszog jedenfalls, nach einem Jahr, verlangten sie von mir, ich sollte die Wohnung renovieren. Das sehe ich ein. Und putzen, das sehe ich auch ein. Was dann aber geschah, grenzte schon an Unverschämtheit. Die Hausherrin war nämlich mit meiner Arbeit nicht zufrieden. So sollte ich nach einer ersten Besichtigung unter anderem mit Aceton die Fensterrahmen putzen, die Luftfilter im Bad wechseln, die Teppiche nassreinigen und die Küche scheuern, bis sie aussehe wie neu. Ich hatte aber alles schon sauber gemacht, sodass es mindestens genauso gut aussah wie bei meinem Einzug. Noch dazu hatten die Vermieter vor mir selbst zehn Jahre in der Wohnung gelebt. Weil ich aber nicht einfach abhauen konnte, ohne die Mietkaution zu verlieren, habe ich alles noch einmal sauber gemacht. Ich holte eimerweise schwarzes Jauchenwasser aus den Teppichen, wischte elf Jahre alten Gilb von den Fenstern, entfernte eine Matte aus Staub und langen blonden Haaren aus den Luftfiltern und schrubbte die Küche noch einmal mit Verdünnung, bestrahlte sie anschließend mit UV-Licht und Gamma-strahlen und betete noch dazu drei Rosenkränze. Nur zur Sicherheit.

Leider war die Hausherrin noch immer nicht zufrieden. „Hätten Sie sich mal Hilfe geholt", schalt sich mich.

„Meine Mutter hat mir geholfen", erwiderte sich wahr-heitsgemäß.

„Dann hat sich die Frau Mama eben nicht richtig Mühe gegeben", war die Antwort.

Wie Sie sehen, jemanden verklagen zu *wollen* und ihn verklagen zu *können*, sind zwei verschiedene Dinge. Jeman-den verprügeln zu wollen und ihn zu verprügeln, ohne an-gezeigt zu werden, übrigens auch.

Was soll's, dann lasse ich eben meinen Frust an meinem jetzigen Vermieter aus. Der ist nämlich kein Jurist (von de-nen man übrigens in jeder Lebenslage und vor allen Dingen geschäftlich die Finger lassen sollte). Wenn mich nämlich das dämliche Fernsehen etwas gelehrt hat, dann Folgendes: Heutzutage kann man Leute aus den absurdesten Gründen verklagen und bekommt, wenn schon kein Recht, so doch wenigstens Medienpräsenz. Also verklage ich jetzt meinen

Vermieter, weil er die falschen Toilettenbecken hat einbauen lassen. Und zwar falsch aus *erzieherischen Gründen*.

Wie denn das?, denken Sie jetzt vielleicht.

Was glauben Sie denn, was für eine Arbeit es ist, zwei kleinen Kindern beizubringen, ihr großes Geschäft ins Klo und nicht in die Windel zu machen! Reden kann man da viel, also führt man es vor, quält sich einen ab und verliert dann in einer Sekunde das, was man mit wochenlanger Überredungskunst fast erreicht geglaubt hat, weil die ganze Arbeit schon ohne zu spülen aus dem Blickfeld geflutscht ist und die Kinder einen nach einem kurzen Blick ins leere Becken ansehen, als ob sie sagen wollten: *Alter, uns kannst du nicht verarschen!*

SEXISCH

Einmal, nach einer Lesung, kam eine junge Frau auf mich zu und lächelte mich bezaubernd an. Sie können sich denken, dass mir so etwas andauernd passiert, sodass mir regelrecht langweilig wird dabei. Bei dieser einen aber nicht. „Isch konn recht güt deutsch", sagte sie mit feinem französischen Akzent.

„Ja?"

„Abber bei Ihnen muss isch leidär sagön, abe ich das meiste nischt verstandön!"

„Hau ab!", hab ich gesagt. „Und schieb dir deinen Akzent sonst wohin!"

Ich meine, ich wusste, was sie von mir wollte. Ich rede sächsisch ohne Ende. Ich rede sogar so sächsisch, dass man es hört, wenn ich englisch spreche. Wobei das halb so schlimm ist, schließlich heißt es auf Deutsch *angelsächsisch*. Die Französin war auch nicht die Erste, die mich daraufhin ansprach, und mit jeder weiteren Person, die sich in dieser Angelegenheit an mich wandte, wuchs in mir der Hass auf das Hochdeutsche. Ich schwor mir hoch und heilig, niemals auch nur zu versuchen, hochdeutsch zu sprechen.

Ja, ich weiß, das Sächsische hört sich furchtbar an. So furchtbar anscheinend, dass man sich als Sachse schämt, wenn man im Fernsehen oder im Radio andere Sachsen sächsisch sprechen sieht oder hört. Aber verdammt noch mal, was ist das denn für eine Einstellung? Erstens, und das ist eigentlich der wichtigste Fakt, ist man nun einmal da geboren, wo man geboren ist. Wäre ich in Bayern geboren worden und dort aufgewachsen, würde ich bayrisch reden, ist doch ganz normal. Ich habe aber nun mal in Dresden das Licht der Welt erblickt und spreche so, wie ich es gelernt habe und wie auch meine gesamte Umgebung spricht. Unter uns hört sich das natürlich normal an, erst wenn sich ein fremder Dialekt oder sogar das Hochdeutsche dazugesellt, wird es komisch. Leider eignet sich das Sächsische auch gut dazu, sich darüber lustig zu machen. Ich will hier nicht auf Einzelheiten eingehen, ich weiß aber, dass jeder, der versucht, diesen Dialekt nachzuäffen, daran scheitert. Wer kein Sachse ist, kann diese Sprache nicht sprechen. Weil aber das Sächsische so anfällig ist für Spott und Häme, bedient sich das Fernsehen immer wieder bei dem Klischee des dummen Sachsen – und wenn irgendwo ein Blödi gebraucht wird in einem Film, haut man uns einen angeblichen Sachsen um die Ohren. Der guckt dann dumm, sagt irgendwas Dämliches und zuckelt mit seinem Trabi davon. Und leider wird dieses künstlich geschaffene Bild auch von real existierenden Personen unterstützt, die dann dumm, wie sie sind, im *Big-Brother*-Haus ihren Sülz von sich geben dürfen, um danach Pornos zu drehen und in Talkshows aufzutreten. Natürlich sind solche Leute nicht repräsentativ für unseren Bundesstaat, nur leider merkt sich das niemand aus dem Fernsehpublikum.

Dass es Millionen von Idioten gibt in unserem Land, die jeden anderen Dialekt unserer Sprache sprechen, darüber müssen wir uns auch nicht streiten, denn oft genug zeigen die sich ebenfalls im Fernsehen. Aber mal im Ernst: Ich glaube nicht, dass es bayrische oder norddeutsche Schriftsteller gibt, die man dazu angehalten hätte, hochdeutsch zu sprechen. Wahrscheinlich zählt das bei denen zum Kulturgut – und dabei sind deren Dialekte in meinen

Ohren keinen Deut besser, nur dass sie sich eben nicht so weich anhören und so grammatikalisch falsch. Preußisch zum Beispiel klingt einfach immer nur rotzfrech. Wenn ich diesen Dialekt höre, denke ich automatisch an Leute, die mir in der Bahn den Sitzplatz wegnehmen. Bayrisch ist fast wie eine andere Sprache. Es hört sich maskulin an und kräftig – auch bei Frauen. Und da kann die schönste Frau zu mir kommen, wenn die ihren Rand aufmacht und mich dialektisch anplauzt, kannse glei wieder gehn.

Das Norddeutsche klingt emotionslos und kalt und das, was Schwaben und Hessen labern, ist nicht weniger furchtbar als das Sächsische. Vielleicht sogar noch mehr, vor allem weil in diesen Dialekten dieser halb beleidigte Grundton vorherrscht, der so viel bedeutet wie: *Ei, warum hadde der desch gekriegt un isch net?* Jetzt noch mal im Ernst: Jogi Löw kann doch auch keiner zuhören, ohne zu kichern, oder?

Das Rheinländische klingt wenigstens recht amüsant, auch wenn man kaum ein Wort versteht. Doch leider denke ich bei diesem Dialekt immer gleich an Narren und ich müsste sogar lachen, wenn mir ein Kölner Richter mundartlich die Todesstrafe verkündete.

Mein Sächsisch schneidet also gar nicht mal so schlecht ab. Es gibt daher keinen Grund, sich dafür zu schämen. Ich schäme mich aber trotzdem manchmal – und zwar, wenn sich ein paar dieser selbst ernannten Kabarettisten auf die Bühne stellen und uns weismachen wollen, wie Sächsisch gesprochen wird. Die reden da so dummes Zeug wie „*ä Schälchen Heeßen trinken*". Im wahren Leben habe ich das noch nie jemanden sagen hören. Durch dieses Gequatsche und das alberne Gebaren bekommen die Spötter nur Wasser auf die Mühlen.

Ich also sage, seid stolz auf ...

Moment mal! Ich persönlich finde ja, dass ich nicht auf Dinge stolz sein kann, die nicht mein persönliches Verdienst sind. Deutsch zu sein, zum Beispiel, erfüllt mich manchmal mit Freude, aber stolz drauf bin ich nicht. Ich kann auch nicht stolz auf mein Aussehen sein, denn dazu haben meine Eltern beigetragen und soviel ich gelernt habe, hatten die gar keinen Einfluss darauf. Wie also formuliere ich das jetzt?

Tragt euren Dialekt mit Fassung. Ja, das klingt ganz gut. Macht das Beste daraus. Auch nicht schlecht. Tragt das gute alte Sächsisch in die Welt und schämt euch nicht dafür, ein Bayer entschuldigt sich schließlich auch nicht, wenn man kein Wort von dem versteht, was er sagt. Und am besten, ihr kauft alle meine Bücher, damit ich berühmt werde — und dann werde ich in Talkshows auftreten und drauflos sächseln, dass es nur so knackt.

ARCHITECTURE AND MORALITY

„*Architektur und Moral*" heißt eines meiner Lieblings-alben von OMD, kurz für *Orchestral Manoevres in the Dark*. Lange Zeit habe ich mich nicht darum geschert, warum das Album so heißt und was es bedeutet. Letztendlich soll der Titel ja verkaufsfördernd wirken und ich selbst weiß auch, wie schwer es ist, einen guten Titel zu finden. Ob sich die Jungs von OMD nun etwas dabei gedacht haben oder nicht, spielt jetzt aber keine Rolle. Ich jedenfalls holte mir die Scheibe nach langer Zeit wieder mal aus dem Regal und mein Blick blieb an diesem Titel hängen. Nach wenigen Sekunden wanderte mein Blick nach draußen und dann wieder auf das Albumcover, wieder nach draußen, wieder zurück und so weiter, bis mir schlecht wurde von dem vielen Hin-und-her-Gucken.

„*Architektur*" und „*Moral*". Zwei Worte, die scheinbar nicht wirklich viel miteinander zu tun haben. Betrachtet man sie aber genauer, steigt man dahinter.

Zuerst müsste man den Begriff „*Moral*" einmal definieren. Dazu hole ich mir jetzt aber nicht das Lexikon hervor, sondern versuche, das Wort mal gefühlsmäßig anzugehen. Moral ist in meinen Augen nicht einfach ein Gesetz, welches andere Menschen, die glauben, es besser zu wissen, uns diktieren wollen. Ein solches vorgegebenes moralisches Verhalten ist nur ein Hin-und-her-Winden zwischen nutzlosen Zwängen und Geboten, meist noch falsch gedeutet von alten Pergamenten. Moral sollte etwas sein, was von innen heraus wächst, wenn man vernünftig erzogen wurde. Etwas, was jeden von uns veranlasst, sich rücksichtsvoll zu benehmen, um es mal kurz und knapp auszudrücken. Niemand kann wirklich bestimmen, was ein gutes moralisches Verhalten ist, viel zu sehr sind wir in unsere heutigen gesellschaftlichen Gegebenheiten eingebunden, als dass wir objektiv darüber entscheiden könnten. Unsere innere Moral sollte uns aber immer sagen: Bring niemanden um! Missbrauche niemanden! Betrüge niemanden! Nimm Rücksicht!

Und hier kommen wir zur Verbindung zur Architektur, auch wenn die nicht ganz so offensichtlich scheint.

Ein Gebäude ist ein ziemlich prägendes Merkmal in der Landschaft, egal, ob es groß ist oder klein. Selbst in einer Stadt, welche bekanntlich voller Gebäude ist, kann ein solches das Bild eines ganzen Straßenblocks oder gar eines Stadtviertels prägen. Menschen, die in dessen Nähe wohnen, müssen es fast jeden Tag betrachten. Menschen, die vorbeifahren, sehen es an. Menschen, die nur auf der Durchreise sind, sehen es ebenfalls an. So ziemlich jeder betrachtet es mehr oder weniger bewusst. Je größer und exponierter das Gebäude, desto größer natürlich ist sein Einfluss auf die gesamte Umgebung – und mit diesem wachsenden Einfluss wächst auch die Verantwortung der Bauherren und Architekten. Ahnen Sie schon, worauf ich hinauswill?

Wenn also jemand das Geld und die Macht hat, ein solches prägendes Gebäude zu konstruieren und zu errichten, sollte er doch moralisch soweit gewachsen sein, dass er diese Verantwortung auch annimmt und nicht etwas baut, was jedermanns Auge beleidigt. Dass dem leider nicht so ist, sehen wir allerorten. Fast in jeder Stadt unseres Landes findet man Gebäude, die offenbar nur entworfen wurden, um Ekel und Übelkeit hervorzurufen. Dafür musste offenbar sogar manchmal die Zweckdienlichkeit der Architektur in den Hintergrund treten.

Glauben Sie nicht? Sehen Sie sich doch mal um! Nein, ich rede nicht von Wohnblocks und Zweckbauten. Es leuchtet mir ein, dass man billige Wohnungen braucht und Bürogebäude, die nicht immer Perlen der Architektur sein können. Ich rede auch nicht von Fabrikanlagen oder Werkhallen, auch nicht von Wasserwerken und zweckdienlichen Brücken. Wovon ich sprechen möchte, sind Gebäude, die offenbar von Massenmördern und Psychopathen entworfen wurden, um ihren Hass auf unsere Welt deutlich zu machen, oder wenigstens von Leuten, die allen zeigen wollen, wie groß und mächtig und unsäglich geschmacklos sie sind.

Natürlich weiß ich auch, dass es unmöglich ist, jedermanns Geschmack zu treffen, und ich weiß, was dabei herauskommt, wenn ältere Menschen zu wissen glauben, was modern ist und was die Jugend sehen will. So wie man beim ZDF immer noch glaubt, Punk wäre ein neuer Trend und ein umgedrehtes Basecap mache aus einem Rentner einen Rapper. Ich weiß aber auch, dass, egal, welche Mode herrscht, trotzdem ein gewisses Empfinden für Ästhetik in jedem von uns steckt. Dieses Empfinden für Proportionen und Farben, welches uns aufmerken lässt, wenn etwas zu lang oder zu schmal erscheint oder ein türkisfarbenes Geländer die lila Blechverkleidung einer gelben Hausfassade verziert.

Nicht alle Architekten scheinen moralisch so verkommen. Es gibt ein paar, die sind wahre Genies, und manchmal braucht man eine Weile, um hinter deren Sinn für Ästhetik zu steigen, doch dann ist der Aha-Effekt umso größer. Diese wenigen Architekten sind heiß begehrt und steinreich und können ihre Ideen auch gegen großen Widerstand durchsetzen, obwohl sie meist an sehr prominenter Stelle bauen.

Umso erstaunlicher ist aber, dass sich allerorten diese hässlichen Missgeburten einschleichen, wo sich sonst sofort Widerstand formt, sobald sich einer mal wirklich kreativ betätigt. Vielleicht, habe ich mir gedacht, ist das Ganze nur ein Witz? Genau wie die Modemacher ab und zu mal ein paar Trends einführen, die junge Frauen dazu veranlassen, Hosen anzuziehen, die wirklich jeden figürlichen Mangel detailliert aufzeigen und jeden Vorteil vertuschen. Aber die machen das wahrscheinlich nur, um sich über die Blödheit der Menschen zu amüsieren … Nur gibt es einen kleinen Haken an dieser Erklärung: Architekten nämlich haben gar keinen Humor, da bin ich mir sicher.

Wie kommt es also dazu, dass man trotz eines angeborenen ästhetischen Empfindens ständig Gebäude sieht, die jeglichem ästhetischen Grundsatz zu widersprechen scheinen? Es können doch nicht alle Architekten Psychopathen sein. Na ja … vielleicht doch. Aber es können nicht alle Architekten mit einem ästhetischen Defekt geboren worden sein. Na ja … vielleicht doch. Deshalb studieren sie Architektur – in der Hoffnung diese Dinge irgendwann mal zu verstehen.

Nein, das ist von mir wieder mal überspitzt dargestellt, damit Sie was zu kichern haben. Wahrscheinlich ist es einfach der krasse Überschuss an Architekten, der zu solchen Ausbrüchen der Hässlichkeit führt. Fragt man zehn Studenten, was sie studieren, antworten garantiert fünf davon: „Architektur!" Und der sechste schämt sich bloß, es zuzugeben. Wo sind die ganzen Ärzte und Chemiker? Und wohin bloß mit den ganzen Architekten, frage ich mich, so viele Häuser werden doch gar nicht gebaut. Na klar, niemand weiß, wohin mit denen, deshalb muss jeder, der etwas werden will, sich in dieser Branche profilieren. So versucht er, etwas ganz Neues und ganz Spezielles zu konstruieren, etwas, was noch nie da war (nämlich weil es so hässlich ist). Und im Gegensatz zu einem modischen Trend, der schnell wieder verfliegt, um zwanzig Jahre später wieder mal kurzfristig aufzutauchen (auch ein Spaß der Modemacher, glaube ich), steht das hässliche Gebäude dann ewig in der Landschaft rum. Und der Witz an diesen Dingern ist, dass sie nicht nur schlecht aussehen, sondern aufgrund ihrer unorthodoxen Bauweise meist auch bauliche Mängel aufweisen, mit denen vorher keiner gerechnet hat. Ich darf das übrigens behaupten, denn die halbe Baubranche lebt davon, Jahr für Jahr diese Mängel zu beheben.

Jetzt suche ich krampfhaft nach einem Fazit für diese Geschichte. Ein psychiatrisches Gutachten für jeden angehenden Architekten anzufordern, wäre ein wenig überspitzt, vor allem, weil man diesen Psychiatern auch nicht trauen kann. Ein moralisches Führungszeugnis zu erstellen, würde mehr bürokratischen Aufwand erfordern als die gesamte EU-Verwaltung. Und eine Volksabstimmung für jedes einzelne Gebäude wäre zu aufwendig. Bestenfalls könnte man eine Art Auslese forcieren, indem man nachträglich Architekten und Bauherren für ihre Monstrositäten verklagt – oder noch besser, sie kurzerhand aufknüpft. Denn dann würden sich wahrscheinlich einige Architekten noch mal schnell an ihre Pläne setzen, um das eine oder andere Detail zu bearbeiten.

Ja, ich glaube, so könnte es gehen. Warum fragt mich nur nie jemand?

TOD EINER LEGENDE

Bitte fangen Sie noch mal ganz von vorn an, ja?"

„Hören Sie, es tut mir wirklich leid, es war Notwehr! Verstehen Sie? Notwehr!"

„Bitte, Frau Klein, Hysterie bringt Sie jetzt auch nicht weiter."

„Herr Hauptkommissar, so glauben Sie mir doch!"

„Ich weiß nicht, ob ich Ihnen glauben kann. Immerhin können Sie die Tragweite dieses ... nennen wir es mal *Vorfalls* ... kaum abschätzen."

„Hören Sie, ich bin keine Mörderin!"

„Das wollen wir feststellen, nicht wahr? Sie sind also alleinstehend?"

„Ist das jetzt schon ein Motiv?"

„Machen Sie sich über das Motiv mal keine Gedanken. Das machen wir schon. Sie sind also alleinstehend?"

„Ja, das bin ich."

„Und Sie lagen in Ihrem Bett?"

„Ich habe geschlafen. Ich muss früh raus."

„Sie arbeiten bei einem mobilen Pflegedienst, das wissen wir. Sie waren also ab halb zehn im Bett. Was taten Sie gegen 24 Uhr?"

„Ich habe geschlafen! Das hab ich doch schon hundertmal erzählt!"

„Gibt es dafür Zeugen?"

„Nein, verfl...! Ich bin alleinstehend. Warum hacken Sie nur immer darauf herum?"

„Ich mache hier nur meine Arbeit, das verstehen Sie doch hoffentlich. Sie schliefen also ..."

„Tief und fest."

„Aber nicht so fest, dass Sie dieses Gerä, sch nicht hören konnten."

„Ich weiß doch nicht, wie laut oder leise das Geräusch war. Immerhin war es so laut, dass i :h erwachte."

„Was taten sie dann?"

„Ich horchte eine Weile und als ich sicher war, dass sich jemand in meiner Wohnung befand, erhob ich mich."

„Sie gingen zu Ihrem Kleiderschrank, in dem sich in einer Hutschachtel eine Waffe befand. Eine Pistole."

„Ja. Aber ich wollte doch niemanden erschießen, ich wollte nur damit drohen!"

„Darauf kommen wir zurück. Woher haben Sie die Waffe? Sie haben keinen Waffenschein."

„Die ist von meinem Vater."

„Hat er sie Ihnen gegeben?"

„Mein Vater starb vor zehn Jahren, ich habe sie bei der Haushaltsauflösung gefunden. Er war beim Militär. Ich habe sie als Andenken an ihn mitgenommen."

„Warum nahmen Sie ausgerechnet die Waffe? Warum kein anderes Andenken?"

„Es gab nichts anderes. Er war kein … liebevoller Mensch. Als Mutter starb, zog er sich emotional zurück. Ich habe nicht viel Liebe erfahren zu Hause. Wissen Sie, es gab bei uns nicht einmal Weihnachtsgeschenke. Die Pistole war das einzige Stück, zu dem er wirklich einen Bezug hatte, deshalb habe ich sie mitgenommen."

„Aber sie war geladen und scharf. Das wussten Sie nicht?"

„Nein, ich hatte keine Ahnung. Bevor er starb, hatte ich doch noch nicht mal eine Ahnung, dass er eine Waffe besaß."

„Gut. Sie standen also auf, holten die Waffe hervor und verließen Ihr Schlafzimmer?"

„Ja. Ich bin in den Flur gegangen und hörte Geräusche aus dem Wohnzimmer."

„Und da sahen Sie diesen Mann?"

„Ja. Ich sagte: ‚Was machen Sie da?' Dann hob ich die Pistole. Er drehte sich um und sagte, indem er auf mich zukam: ‚Du hättest mich nicht sehen dürfen!'"

„Und Sie haben abgedrückt."

„Das war keine Absicht! Ich hatte zu viel Angst. Wahrscheinlich habe ich mich verkrampft. Ich wollte ihn nicht erschießen!"

„Das … Warten Sie, ich muss ans Telefon! … Hauptkommissar Schlau? … Ja, ja. … Oh. Sicher? … Gut. Ich brauche die Laborberichte. Und zwar schriftlich. Bis dann! … Hören Sie, Frau Klein, wir haben ein ernsthaftes Problem. Ein Problem von … sagen wir … politischer Tragweite!"

Am Tag zuvor:

„Ich glaube, ich werde es noch mal tun."

„Was denn?"

„Dieses Jahr werde ich noch einmal auf Tour gehen. Ich hab da noch eine Rechnung offen."

„Das ist Blödsinn, du bist zu alt!"

„Red' nicht so mit mir!"

„Glaub es mir, mein Guter, du bist den Dingen nicht mehr gewachsen. Du bist nun einmal in Rente gegangen, also bleib dabei!"

„Das war meine eigene Entscheidung und ich kann sie auch revidieren."

„Hör zu: Ich war dieses Frühjahr wieder auf Tour und ich sage dir, es war eine Qual. Die Leute heutzutage sind viel aufmerksamer. Vor allem die Kinder. Du kommst kaum noch irgendwo rein, du kannst dich nicht darauf verlassen, dass sie schlafen. Die meisten gehen ins Bett, wann sie wollen, spielen Computer bis in die Nacht. Überall gibt's Bewegungsmelder und Alarmanlagen. Du kannst dir Mühe geben, wie du willst, plötzlich stehst du im Scheinwerferlicht. Man kommt nicht mehr einfach in ein Haus rein. Und wenn du Pech hast, schießt man sogar auf dich!"

„Ha! Auf dich vielleicht!"

„Lach nicht! Ich meine es ernst. Auf dich auch, mein Freund. Hör auf mich! Nimm es mir nicht übel, aber du bist zu alt, du verstehst die Leute nicht mehr, sie sind anders geworden, härter und kälter. Das ist nicht mehr dein Revier."

„Gut, gut. Vielleicht hast du ja recht. Aber eine Sache gibt es da noch. Eine kleine Sache. Ein Kind, ein Mädchen. Sie war früher so … böse. Jetzt müsste sie erwachsen sein."

„Vielleicht konnte sie nichts dafür? Vielleicht waren es die Umstände?"

„Das denke ich mittlerweile auch."

„Und trotzdem willst du dahin?"

„Gerade deswegen."

„Gut, dann mach das. Aber bloß dieses eine Ding! Und übertreib es nicht! Nur Kleinigkeiten!"

„Nur Kleinigkeiten, okay."

„Mann, ich fühle mich nicht wohl dabei. Pass bloß auf dich auf!"

„Na, übertreib mal nicht! Was soll schon passieren? Sie ist eine kleine Frau und ich bin immer noch der Weihnachtsmann."

MEIN SCHREIBTISCH

Da steht er nun, der Schreibtisch …

Zum vierten Mal seit meinem Einzug hier habe ich das Arbeitszimmer neu arrangiert. Jetzt, dachte ich, hätte ich getan, was ich tun konnte. Besser ging es nicht. Zumindest nicht mit den vorhandenen Mitteln. War gar nicht so einfach, das ganze Gerümpel zu verschieben, ohne erst alles auszuräumen. Ein ordentlicher Kratzer im Parkett ist mir als Erinnerung an diesen schweißtreibenden Tag geblieben.

Gegen drei Uhr am Nachmittag hatte ich eine ernsthafte Krise. Da war alles noch so chaotisch, dass es schien, als würde diese Aktion nie ein Ende haben. Jedoch war sie auch schon so weit fortgeschritten, dass es kein Zurück mehr gab. Am schlimmsten war es ganz zum Schluss, als ich alle Kabel ziehen musste, weil es nicht mehr möglich war, sie zu ordnen und zu sortieren.

Es ist aber auch wirklich grauenvoll mit diesen Kabeln, die scheinen sich ganz von allein zu verfitzen. Ich glaube sogar, mal gelesen zu haben, dass es schon Wissenschaftler gibt, die herauszufinden versuchen, warum das so ist. Die haben sich aber allesamt erhängt, soweit ich weiß. Jedenfalls hatte ich alles herausgezogen und wieder neu zusammengesteckt und wartete nun bange Minuten, ob alle Geräte wieder so ansprangen, wie sie sollten.

Schließlich war es getan. Zurück blieb nur ein Haufen Gerümpel, der zu schade zum Entsorgen war. Zu etwas nütze war er aber auch nicht. Deshalb blieb er erst einmal liegen – und tief in mir wusste ich, dass er in sechs Mona-

ten und sogar in sechs Jahren noch so liegen würde, es sei
denn, jemand hätte ihn bei *Ebay* verkauft.

Was hat man nicht alles für Kram! Ketten, die man früher
mal trug, oder Ohrringe. Kleine Metallflugzeuge. Kleine
Autos. Magnetschilder. Anstecker. Schlüsselanhänger. Oder
die beim Wehrdienst zerschossenen Münzen und der Splint
einer Handgranate sowie die Zündkapsel meines ersten Ar-
tillerieschusses. Und kleine Zettel mit Telefonnummern in
mädchenhafter Schrift, die mich beinahe noch heute dazu
verleiteten, mit fünfzehn Jahren Verspätung mal anzurufen.

Aber auch größeres Zeug sammelt sich an. Verpackungs-
kisten elektronischer Geräte vor allem und Bücher, die
man nie mehr lesen wird. Plakate, die man nie aufhängen
wird. Puzzles, die man nie puzzeln wird. Bilder, die ich
gemalt hatte und nie jemandem mehr zeigen würde.

Aber im Großen und Ganzen sieht es ganz gut aus. Es
scheint, als könnte ich hier gut schreiben. Ich habe einen
halben Blick aus dem Fenster, meine Füße sind an der Heizung, die Lampe leuchtet mich nicht frontal an und die Tür
befindet sich nicht mehr in meinem Rücken. Das Faxgerät
steht links von mir, auch wenn es mir seine Abgase genau ins
Gesicht bläst. Die Notebooks haben auch beide gut Platz,
nur der Drucker, der Drucker macht mir Sorgen. Wenn
ich ihn neben mich stelle, hab ich kaum noch Platz für meinen rechten Ellbogen – und entgegen aller anatomischen
Weisheiten bin ich mir sicher, dass aus ihm mindestens ein
Drittel meiner gesamten Kreativität entspringt. Stelle ich
den Drucker aber da drüben auf die Kommode, muss ich
mir eine Verlängerung fürs Kabel besorgen und darauf achten, dass ich nicht stolpere, wenn ich mal eilig ins Zimmer
muss.

Jetzt steht der Drucker da hinten auf dem halbhohen Schrank und das gefällt mir kein bisschen. Er befindet sich zu dicht an der Wand, sodass man nur sehr unbequem Papier nachfüllen kann. Außerdem muss ich mich dazu auf die Zehenspitzen stellen.

Nun hab ich ihn da drüben hingestellt. Auf den kleinen Rollschrank. Da finde ich ihn super. Ich kann ihn hin und her schieben und endlich hat das Schränkchen auch einen Sinn. Gut, dass ich es nicht weggeworfen habe – entgegen dem Herzenswunsch der Herzdame. Und seitdem ich den Schimmel an der Rückwand abgekratzt habe, ist auch keiner mehr nachgewachsen.

Gut, es gefällt ihr nicht …

Warum nicht? Keine Ahnung, ich hab nicht zugehört. Die Enttäuschung war zu groß. Wie sie sich das vorstelle, frage ich. Schließlich muss ich ja zeigen, wer hier der Herr im Hause ist. „Dort passt er nicht hin, da drüben auch nicht und da willst du ihn nicht."

„Also gut", sagt sie, „dann stellen wir den Schrank da rüber, schieben den Schreibtisch dorthin. Und die kleine Couch muss quer vor die Wand."

Das ist nicht dein Ernst, denke ich, aber ich spreche es gar nicht erst aus, denn ich weiß, es ist ihr Ernst. Also stehe ich auf und schiebe dies und das dahin und dorthin, reiße alle Kabel wieder heraus, räume die Regale aus und wieder ein – und schließlich, mitten in der Nacht, ist es geschafft. Sieht gar nicht schlecht aus so. Sogar der Blick aus dem Fenster ist noch besser. Jetzt kann auch der Drucker dort stehen. Super!

Was? Das Faxgerät? Verdammt!

So was braucht niemand mehr heutzutage, denkst du – und sagst es auch.

„*Ich* brauche so ein Gerät vielleicht nicht, aber was ist mit all den Leuten, die mir jeden Tag Faxe schicken? Hier passt es nicht hin und da drüben ist kein Platz. Dort stand vorhin der Drucker und der war schon fast zu groß. Was ist mit dem kleinen Rollschränk…"

Alles klar, den Gedanken kann ich wohl ein für alle Mal vergessen.

„Wie wäre es", fragt sie, „wenn wir den Schrank raus- schmeißen und uns dafür zwei Regale kaufen? Die gibt's so breit, dass die da reinpassen. Dann kann der Drucker hier und das Fax da stehen. Das wird super. Und wenn du runtergehst, nimm gleich das Rollschränkchen mit. Pack es in den Transporter und wirf es morgen auf den Sperrmüll."

Ich muss es ihr versprechen und bringe das Schränkchen widerwillig ins Auto. Wie kann man sich nur gegen so et- was Kleines und Zweckmäßiges sträuben, frage ich mich. Typisch Frau! Lieber will sie zwei Regale kaufen.

So, die Regale sind da. Aufgebaut sind sie auch. Hat alles prima geklappt. Sieht auch schön aus – nur sie passen eben nicht an die Stelle, wo wir gedacht hatten. Wieso, weshalb, warum? Keine Ahnung, hab gerade wieder nicht hingehört.

Die Steckdose und den Lichtschalter nicht beachtet? Tja, so kommt es eben. „Ich könnte ja ein wenig innovativ sein und einfach Löcher in die Rückwand sägen, so könnte man das Regal hinstellen und trotzdem Licht anschal…"

Okay, das kann ich wohl auch vergessen …

Mir wäre das doch egal. Und ich sitze schließlich meis- tens in dem Zimmer, niemand anderes. Ich würde ab und zu hinübersehen und mir denken, wie dämlich sich Frauen manchmal anstellen und wie clever ich war.

Ich hätte ja auch mal richtig messen können? *Ich?* Klar! Hatte ganz vergessen, dass letztendlich sowieso alles mein Fehler ist. Also, was nun?

Okay, der Schrank da rüber, die Kommode dorthin? „Da stand sie schon mal und dir hat es nicht gefallen." Okay, da hatten wir die Regale noch nicht, die Gesamtsituation hat sich also geändert.

„Vielleicht solltest du mal akzeptieren, dass manche Dinge einfach so sind, wie sie sind? Kabel kann man nicht ordnen und Drucker passen nicht wirklich irgendwohin, ohne einen Haufen Platz wegzunehmen."

Der Drucker sei eben zu groß, meint sie, ich hätte einen kleineren kaufen müssen.

Okay, mein Fehler! Hatte ich wiederum vergessen.

Also die Bude noch mal umgeräumt. Hätte ich nur alles so gelassen, ein halber Roman und vier Kurzgeschichten wären bestimmt schon fertig.

Kabel wieder angesteckt, alles läuft — aber ein bisschen wenig Beinfreiheit hier unten. „Und ist dir schon aufgefallen, dass wir den Heizkörper völlig zugestellt haben?"

„Stimmt. Aber das stört nicht wirklich, höchstens im Winter, wenn es kalt wird."

„Außerdem müssen wir so immer den Tisch beiseite räumen, wenn wir auf den Balkon ..."

Oh, dieser Gesichtsausdruck! Mir schwant da so einiges. Hätte ich doch lieber den Mund gehalten!

Das Zimmer umräumen? Noch mal? Wir haben es schon viermal umgeräumt! Was, falsch verstanden? „Ach, du willst aus diesem hier das Schlafzimmer machen. Und aus dem bisherigen Schlafzimmer wird dann mein Arbeits..."

Aha, nein, aus dem wird das Kinderzimmer und aus diesem wiederum das Arbeitszimmer. Oh … Na, wenn du meinst …

„Von mir aus. Aber die Kinder lassen wir jetzt schlafen und verschieben alles auf das nächste Wochenende."

Die Dame nickt. Sie scheint jedoch noch eine ganz andere Möglichkeit in Erwägung gezogen zu haben …

So, auch das wäre geschafft! Das ganze Wochenende ist dafür draufgegangen, ich musste ja gleich alles renovieren. Die Kinder heulen ein bisschen, sie verstehen nicht, warum sie jetzt im Schlafzimmer wohnen müssen. Dass dies nun das Kinderzimmer ist, scheint noch keinen Eingang in ihr Weltverständnis gefunden zu haben. Bisher scheint alles okay und das neue Arbeitszimmer ist gar nicht so schlecht, auch wenn ich die Balkontür vermissen werde. Die Kabel sind gut verstaut, zumindest nicht mehr sichtbar. Alles passt – nur das Nachtschränkchen ist zu groß für den Platz neben dem Bett und der Kleiderschrank verdeckt zur Hälfte den Lichtschalter. Hat wieder einer nicht richtig gemessen … Außerdem wissen wir nicht so recht, wie wir die Kinderbetten stellen sollen, da ist eine Tür im Weg. Wir haben schon überlegt, sie zuzumauern, doch ich würde das Gästeklo schon sehr vermissen. Wir brauchen also andere Kindermöbel. Das freut die Kinder. Und die Dame des Hauses. Mich jedoch nicht. Aber was soll's? Ab in den Möbelmarkt!

So, hat wunderbar geklappt. Neue Möbel, zwanzig Prozent Rabatt. Wegen der Zwillinge oder was weiß ich. Hätte ich doch bloß gesagt, es wären vier Kinder, die anderen beiden würden im Auto sitzen. Und hätte ich gesagt, sie gingen ein in der Sonne, wäre das Ganze schneller gegangen und die Dame hätte keine Zeit gehabt, die neue Couch zu finden. Die war auch im Sonderangebot, ein Schnäppchen, das man sich nicht entgehen lassen konnte, vor allem, weil die Möbelmarktleute so taten, als wäre ich der König von Sachsen. Nun kommt die neue Couch morgen und gerade haben wir festgestellt, dass sie doch ein wenig größer ist als wir dachten. Wir hatten ja vorher nicht gemessen. Nein, falsch! *Ich* hatte nicht gemessen. Logisch. Aber es konnte ja keiner damit rechnen, dass wir eine Couch kaufen.

Die Couch passt, würde ich sagen. Aber nach mir geht es ja nicht …

„Wir müssen die Couch drehen."

Das heißt, *ich* muss die Couch drehen. Und wenn man sich sowieso schon um einen Kratzer im Parkett kümmern muss, kann man sich auch locker um zwei kümmern.

„So wie sie jetzt steht, ist sie auch nicht besser."

Okay, ich drehe sie noch mal, ist doch kein Ding für mich. Drauf gesessen habe ich noch nicht.

So bleibt sie jetzt, denke ich. Man muss zwar einen kleinen Schwenker mit der Hüfte machen, wenn man den Raum betritt, doch daran gewöhnt man sich, ebenso wie sich die Kinder daran gewöhnen werden, wenn sie erst ein-, zweimal von dieser gepolsterten Barriere zurückgeprallt sind. Die große Pflanze müssen wir stutzen. Ich würde sie gern auf ein existenzielles Minimum stutzen, aber *„Ich würde gern"* zählt hier nicht. Der Esstisch muss auf die andere Seite, die Lampen muss ich umhängen und der Fernseher muss samt Receiver und *PlayStation* an die rechte Wand. Alles in allem gut vier Stunden Arbeit.

„Das habe ich jetzt nicht gemacht, nur damit du siehst,

wie es wirkt", sage ich leise drohend. „Ich baue das nicht wieder zurück."

„Irgendwas muss anders werden", sagt die Dame und hat mir gar nicht zugehört.

Ich kann nur noch die Schultern heben. Ich könnte die Couch noch dreimal drehen oder das Arbeitszimmer wieder in den ursprünglichen Raum zurückverlegen. Die neuen Kindermöbel würden auch ins alte Kinderzimmer passen. Wieder einmal ist sie an ihre Grenzen gestoßen.

Warum nur müssen Frauen diese Erfahrungen immer erst selber machen? Männer scheinen gleich zu wissen, was geht und was nicht. Offenbar haben sie eine bessere Vorstellungskraft, jedoch nach Jahrzehnten sukzessiver Unterdrückung durch Frauen wie Alice Schwarzer viel zu wenig Durchsetzungsvermögen.

Ich kann nur noch lächeln.

Doch dann schildert sie ihre Wünsche und es scheint, als ob sie das schon seit Längerem plant. Das Lächeln verschwindet aus meinem Gesicht.

War gar nicht so einfach – und vor allem teuer. Wohnungen sind in Dresden Mangelware, besonders dann, wenn es um gute Wohnungen zu einem passablen Preis geht. Jetzt haben wir eine. Nach einem halben Jahr intensiver Suche. Sie ist ein bisschen teurer als die alte, aber auch ein wenig größer. Alle sind zufrieden. Die Couch passt super, die Kinder haben jetzt ein Zimmer jeder für sich, das Schlafzimmer ist okay, die Nachttische passen beide hinein. Die Küche musste ein wenig umgebaut werden. Die Zimmerpflanze hat eine Kollegin bekommen. Wir haben sogar noch ein paar neue Regale fürs Arbeitszimmer hinzugekauft. Der Schreibtisch ist auch neu und bestimmt hängt jetzt ein golden eingerahmtes Bild von mir im Möbelmarkt. Die kleine Couch lässt sich bequem ausziehen. Nur ein Problem hatten wir zum Schluss: Mit dem Drucker. Er passte nirgendwo richtig hin.

Da hab ich das kleine Rollschränkchen aus dem Transporter geholt. Es war ein wenig ramponiert und verstaubt nach über sechs Monaten. Ich schleppte es ins Arbeitszimmer und stellte den Drucker darauf. So ist es perfekt und die Dame des Hauses hat es stillschweigend akzeptiert. Hab ich mich schließlich doch durchgesetzt!

STAMPEDE

Wissen Sie, was eine Stampede ist?

Falls Sie es nicht wissen, haben Sie jetzt die Wahl, sich einen Duden zur Hand zu nehmen oder die Geschichte weiterzulesen.

Sie haben sich fürs Weiterlesen entschieden? Danke für Ihr Vertrauen. Natürlich werde ich Sie nicht sofort aufklären, ich werde hier schließlich bezahlt, Sie zu unterhalten. Im *Duden* können Sie später lesen.

Man sagt ja immer, man solle seinem Bauchgefühl trauen. Tja, wenn ich das zu meinem Leitspruch gemacht hätte, wäre ich heute wohl dick und rund, denn mein Bauchgefühl sagt ständig: *Bring was rein, Kumpel, sonst gibt's Ärger!* Dem gebe ich nicht immer nach.

Aber Sie wissen sicherlich, dass damit nicht dieses Bauchgefühl gemeint ist. Ich wollte mal wieder nur einen Witz machen. Bitte nehmen Sie eine Schere und trennen Sie ihn bei Nichtgefallen aus dem Buch.

Was die Leute meistens meinen, ist dieses Gefühl, als ob der Bauch mitdenken und uns körperlich spüren lassen würde, was er von unseren Gedanken hält.

Unser Gehirn scheint manchmal mit dem Denken ein wenig überlastet zu sein, wie mein Computer in etwa. Was unser Hirn wirklich tut, versuchen Wissenschaftler schon seit Jahrzehnten zu erforschen — und ihr derzeitiges Fazit wirft kein gutes Licht auf unser Gehirn. Offenbar lässt es uns Dinge entscheiden, welche es schon längst entschieden hat, und lenkt uns in eine entsprechende Richtung, von der wir glauben, wir hätten es so gewollt.

Der Bauch denkt da anders. Er verkrampft sich, schmerzt, sendet angenehme Signale oder lässt es ordentlich kribbeln. Und dass der Bauch tatsächlich denkt, ist nicht allzu weit hergeholt. Längst sind eine Menge Wissenschaftler davon überzeugt, dass der Magen uns nicht nur vorkommt, als wäre er ein zweites Gehirn, sondern dass es auch tatsächlich so ist. Genau wie unser Gehirn besitzt er mehrere Hundert Millionen Nervenzellen und auch die Vorgänge innerhalb dieser Zellen ähneln denen im Gehirn, ohne dass ich da allzu sehr ins Detail gehen will. Einfach, weil ich gar keine Ahnung habe … Es gibt auch ein paar Wissenschaftler, die sich mit einem Phänomen beschäftigen, welches manche Empfänger von Spenderorganen ereilt. Nämlich, dass sie sich an Dinge erinnern, die dem Spender des Organs zugestoßen sind. So, als würde nicht nur das Gehirn als Erinnerungsspeicher fungieren, sondern die Gesamtheit der Organe.

Wenn also der Magen wirklich denken und uns Gefühle senden kann, sollte man ihm trauen, würde ich behaupten. Denn wenn man seinem eigenen Magen nicht trauen kann, wem denn sonst. Und so hörte ich auf das Gefühl, das er aussendete, als es in der achten oder neunten Klasse hieß, wer wolle, sollte sich zum Tanzunterricht anmelden. Und wer nicht mitginge, sei ein feiges Huhn.

Tanzen hielt ich grundsätzlich für albern, vor allem diese überholten Standardtänze. Und genauso albern waren die Benimmregeln. Außerdem sollten wir die Mädchen aus unserer Klasse anfassen. Na, wenn das nicht albern war!

Sie dürfen nicht vergessen, dass dies zu einer Zeit stattfand, in der mit zwölf noch nicht jeder mit jedem geschlafen, geschweige denn einen Busen gesehen hatte oder sonst was.

Na ja, und wie Sie sich sicher schon denken können, hätten wahrscheinlich alle Mädchen nur zu gern mit mir tanzen wollen, aber ich wollte den anderen Jungs gegenüber nicht unfair sein. Und dabei hätte ich es belassen sollen …

Warum aber habe ich mich fünfzehn Jahre später wieder zu einem Tanzkurs angemeldet? Traute ich meinem Bauch nicht mehr? War ich schwach und dumm geworden? Keine Ahnung. Vielleicht hatte mir die Erfahrung gezeigt, dass selbst der dümmste Idiot mit einer hässlichen Wampe und einem ellenlangen Vorstrafenregister von Frauen heiß begehrt wurde – und zwar nur, weil er tanzen konnte. Was den Mädels daran liegt, straff geführt und durch die Gegend gewirbelt zu werden, verstehe ich nicht, denn sonst wollen die das ja auch nicht. Jedenfalls meldete ich mich an – hauptsächlich wahrscheinlich, um der Ex-Frau eins auszuwischen. Sie wissen schon … weil die immer einen Tanzkurs machen wollte und ich mich stets gedrückt hatte.

Nun stand ich da mit zwanzig anderen Paaren und einer anspruchsvollen Partnerin. Zuerst taxierte ich die Leute ein wenig. Das mache ich immer, damit ich nachher eine Geschichte darüber schreiben kann, wie hässlich und ungelenk alle waren.

Anscheinend war so ziemlich jedes vorstellbare Klientel anwesend. Die älteren Herrschaften, die nichts Besseres mehr zu tun hatten. Die Sportler, welche Tanzen als weitere Sportart auf ihre Erledigt-Liste setzen wollten. Das Pärchen, das aussah, als wäre er Anwalt und sie Anwältin. Die jungen Leute, die aussahen, als hätte man sie gezwungen, hier zu sein. Das Pärchen im mittleren Alter, bei dem es schien, als hätte die Frau den Mann gezwungen und mit Sexentzug gedroht. Die junge Frau und der junge Mann, die gar kein Paar zu sein schienen und extreme Berührungsängste hatten. Und schließlich das Paar in meinem Alter, von denen der Typ dreinblickte, als hätte er eine Wette verloren. Alle sahen einigermaßen gespannt aus, manche freudig erwartend, manche schüchtern und ängstlich.

Großes Blabla, wir wurden begrüßt und uns wurde gesagt, dass wir vor dem Tanz die Schuhe wechseln müssten – und das haben wir auch getan, bis uns auffiel, dass die meisten Paare zwar die Umkleidekabine betraten, aber immer mit denselben Schuhen wieder herauskamen. Wir handhabten es ab dem dritten Mal genauso. Außerdem wurde uns gratuliert, dass wir uns getraut hatten, diesen großen Schritt in eine unbekannte Welt zu machen.

Ich wollte mich melden und sagen, dass es mindestens hundert Schritte gewesen seien, denn weil wir spät dran waren, hatten wir nur einen der hinteren Parkplätze bekommen. Doch meine Tanzpartnerin hängte sich an meinen Arm, sodass dieser unten blieb.

Was dann folgte, war logisch und bestätigte, was ich mein Leben lang gelernt hatte: Man wird gezwungen, sich voll zum Deppen zu machen. Ob das nun bei der Armee ist oder in der Schule, in der Kinderkrippe, beim Elternabend oder sogar im Krankenhaus. Zuerst machen sie aus dir einen Idioten. Natürlich sagen sie das nicht. Sie sagen, es würde helfen, lockerer zu werden und uns besser kennenzulernen, Berührungsängste abzubauen. Doch wenn sich vierzig oder mehr Erwachsene an den Händen fassen und im Kreis aufstellen, kann es nichts anderes werden, als dass man sich voll zum Blödi macht und die Tanzlehrer sich innerlich totlachen.

Nun schwanken alle auf Befehl hin und her, gehen einen Schritt vor und wieder zurück — das kannte ich noch von den guten alten Gothic-Partys. Dann drehen wir uns im Kreis und klatschen einmal in die Hände. Anschließend trennen sich die Frauen von den Männern, bilden einen Kreis im Kreis — und natürlich bewegen sie sich in die entgegengesetzte Richtung. Und obwohl man gebetet hat, steht man vor einer einsneunzig großen Frau mit herber Duftnote. Man schunkelt und klatscht und dann dreht sich wieder alles. Erneut betet man wie irre — und prompt landet vor einem diese vor etwa sechzig Jahren lebendig gewordene Parfümwolke, die einen lüstern anstarrt und feuchte Hände bekommt.

Die da, denkt man nach einer weiteren Runde Schunkeln, Drehen und Klatschen, *die Frau von dem Anwalt, die lacht mich immer an.*

Und wieder betet man — und wirklich, wenn ich richtig mitgezählt habe, müsste sie jetzt genau vor mir landen. Hoffentlich kann sie sich Telefonnummern besser merken als ich. Und plötzlich stolpert die Dicke vor ihr, stürzt fast, strauchelt, fängt sich und reiht sich am falschen Platz wieder ein. Nämlich direkt vor mir.

Die Frau des Anwalts wirft mir einen resignierten Blick zu und so nah wie jetzt sollten wir uns während des gesamten Tanzkurses nie wieder kommen. Die Dicke ist knallrot und grinst verlegen; ich kann tun, was ich will, ihr Monsterbusen berührt mich trotzdem. Beim Drehen latscht sie mir auf den Fuß und nach dem Verabschieden schubse ich sie, damit sie noch mal stürzt, aber diesmal richtig.

Was soll ich weiter erzählen? Wir lernten die Grundschritte von etwa zehn Tänzen und obwohl ich alle beherrschte, behauptete meine Partnerin, ich beherrschte sie nicht. Doch ich war im Recht. Zumindest steht das hier in meinem Buch … Wir einigten uns jedenfalls irgendwie, behaupteten gegenseitig, wir hätten Gefallen daran gefunden, und besuchten den Kurs für Fortgeschrittene.

Jedenfalls lernten wir noch ein paar weitere Tänze und bekamen zu den Grundschritten gleich noch ein paar Drehungen und Figuren dazu.

Dann war der Kurs zu Ende und wir bekamen Freikarten für einen Tanzabend in der Tanzschule. Diesen besuchten wir voller Tatendrang, uns ins Gewühl zu stürzen und den anderen einmal richtig zu zeigen, wie die Luzie abgeht. Leider mussten wir feststellen, dass wir nichts konnten. Wirklich nichts. Absolut gar nichts. Da tanzten Leute … Also, die tanzten, verstehen Sie? Die tanzten, als wären sie dafür geboren. Die wirbelten und drehten sich, schwebten und tauchten, sprangen und lachten die ganze Zeit, anstatt sich angestrengt den Schweiß aus den Augen zu blinzeln. Ja, die schienen nicht einmal zu schwitzen! Im Gegenteil, es war, als erfrischten sie sich beim Tanzen. Es war, als würden sie dadurch zwanzig Jahre jünger. Gerade noch Greise und kaum in der Lage, ohne Gehhilfe die Tanzfläche zu erreichten, blühten sie plötzlich auf, wuchsen zwanzig Zentimeter und bekamen eine Aura, in der man sich sonnen und das Geld fürs Solarium sparen konnte. Wir dagegen wagten uns nicht aufs Parkett, weil wir uns albern vorkamen mit unseren sich ewig wiederholenden Grundschritten. Und wir mussten erkennen, wenn wir so tanzen wollten, dann müssten wir unser ganzes Leben lang tanzen, und dazu hatten wir echt keine Zeit.

Sie sehen also, ich hätte meinem Bauchgefühl weiterhin trauen sollen. Das war's, was ich Ihnen sagen wollte.

Ach, eines noch: Bestimmt habe ich gerade mehr als deutlich zum Ausdruck gebracht, dass ich kein sehr guter Tänzer bin. Möglicherweise bin ich noch nicht einmal ein guter. Möglicherweise habe ich mir die Grundschritte einiger Tänze gemerkt, doch ich werde sie nie, nie, niemals wieder abrufen aus Angst, mich lächerlich zu machen.

Nun gibt es Leute, denen das eine oder andere nicht liegt, so wie manchem das Kopfrechnen, anderen der Umgang mit dem Computer, dem Nächsten der Fußball oder das Tanzen. Mir ist schon klar, dass die Tanzschule jeden Schüler braucht, wegen des Beitrags, der zu zahlen ist, und wegen der Konkurrenz, die groß ist in der Stadt. Doch sollte ein Tanzlehrer zumindest so viel Courage haben, einem ehrlich zu sagen, wenn man in einer Tanzschule völlig fehl am Platze ist. Im Fernsehen tun sie das ständig und die Leute können scheinbar nicht genug Abfuhren bekommen. In der Tanzschule wäre das bei mindestens vier Paaren dringend nötig gewesen, denn die waren wirklich nicht zum Tanzen geboren. Ich lasse mich an dieser Stelle nicht darüber aus, ob man sich die Schritte merken kann oder sich nach links dreht statt nach rechts oder vergisst, sein Frauchen zu führen, weil man Mühe hat, sich selbst zu koordinieren. Es geht auch nicht darum, ob jemand dick ist oder unsportlich oder einfach nur ungelenk. Den Leuten, von denen ich spreche, ging jegliches Feingefühl ab. Die betrachteten den Tanz als etwas, was man hinter sich bringen musste, egal, ob der Takt stimmte oder nicht. Es fehlte nicht viel und sie hätten ihre Schritte laut mitgezählt. Dabei stampften sie mit raumgreifenden Schritten, als gelte es, ein Rudel Mäuse totzutrampeln. Und obwohl die Tanzlehrerin wieder und wieder flehte, den Tanz als etwas Leichtes zu betrachten, als etwas, was Freude bringen sollte statt Schmerz und Muskelkater, klang es, sobald die Musik einsetzte, als würde sich eine Kompanie Soldaten in Marsch setzen. War dann endlich der Tanz zu Ende, standen sie Hand in Hand keuchend nebeneinander und erwarteten sogar noch Lob und verstanden wohl bis zum Schluss nicht, dass es keinen Sieger gab und dass der Gewinner erst recht nicht derjenige war, der alle anderen Paare von Parkett gestoßen hatte.

Und das wiederum bringt mich zurück zur Stampede. Im *Duden* steht: *Wilde Flucht einer in Panik geratenen (Rinder-) Herde.*

Es könnte aber auch heißen: *Versuch von vierzig Amateuren, einen Foxtrott zu tanzen.*

EIN TRABANT

Gestern fühlte ich mich wie ein Trabant.

Nein, nicht doch! Nicht wie ein Pappauto. Wie unser Erdtrabant fühlte ich mich, wie der Mond.

Voll und rund, könnte man meinen.

Ach was! Ich habe den *Striezelmarkt* besucht. Ich versuchte es zumindest. Doch letztlich blieb mir nichts anderes übrig, als den Markt zu umkreisen, so wie der Mond die Erde. Er war so voller Leute, dass zuerst kein Reinkommen für mich war. Das hört sich banal an, aber führen Sie sich das doch mal zu Gemüte: Der Markt war so voller Leute, dass ich einfach nicht hineingekommen bin! Ich bin regelrecht abgeprallt an einer Menschenwand, egal, wie und wo ich es probiert habe. Manchmal habe ich versucht, mich einer Gruppe anzuschließen, die sich wie ein Keil Soldaten in die feindlichen Linien bohrte, doch so wie die Wand sich vor dem Zwei-Meter-Hünen öffnete, der die Gruppe anführte, schloss sie sich, kaum dass der Letzte der Gruppe eingedrungen war. Ein anderes Mal, auf der gegenüberliegenden Seite, nahm ich Anlauf und versuchte, mit roher Gewalt durchzubrechen, doch ich wurde zurückgeworfen von einer Meute fünfzigjähriger Frauen, die offensichtlich ihren Spaß hatten, kicherten und gackerten und sich Glühwein auf ihre Anoraks schütteln. Einen weiteren Versuch unternahm ich, indem ich mich einem Trupp Polizisten anschloss und so tat, als wäre ich deren Vorgesetzter in Zivil. Offenbar gelang mir das so gut, dass einige Jugendliche mich von der Truppe trennten, verprügelten und wieder nach draußen stießen. Mein Versuch, einen Platz in einem

Kinderwagen zu ergattern, indem ich das Kind heimlich herausnahm, scheiterte an ebendiesem. Es greinte und plärrte, was das Zeug hielt, und da ich solchen Lärm tagtäglich zu Hause habe, suchte ich das Weite, denn ich konnte es nicht ertragen. Die Mutter warf mir einen traurigen Blick hinterher, offenbar hätte sie mich gern gegen ihren verrotzten Nachwuchs eingetauscht, wenigstens für ein paar schöne Stunden.

Die Idee aber schien mir gar nicht mal so übel, ich wollte sie an einem Rollstuhlfahrer ausprobieren. Hatte ich erst einmal einen Rollstuhl, würde mir jeder Platz machen müssen. Doch letztendlich verbot es der Anstand und außerdem waren gerade keine Rollstuhlfahrer zu sehen.

Schließlich bezahlte ich fünfzig Cent für die Toilette und wollte mir durch das Rückfenster Zutritt zum Markt verschaffen. Jedoch gab es kein Fenster. So klaute ich wenigstens eine Rolle Toilettenpapier.

Schließlich aber, ich wollte schon fast aufgeben, öffnete sich vor mir eine Lücke und ich konnte hinein. Das hatte ich nun davon …

Aber erst einmal wieder zurück zum Anfang.

Da ich ja – wie jeder vernünftige Mensch – mit dem Auto in die Stadt fahre, ist logischerweise das erste Problem, einen Parkplatz zu finden. Nun kenne ich einige geheime Ecken, in welchen man seinen Wagen abstellen kann, ohne allzu weit zu laufen und ohne bezahlen zu müssen. Leider stellte ich fest, dass über das Jahr all diese Lücken vom Ordnungsamt aufgespürt und die gebührenfreien Zonen allesamt vernichtet worden waren. Jetzt wissen Sie, was die den ganzen Tag lang machen, wenn sie nicht gerade Cafébetreiber gängeln oder sich an den Genitalien jucken.

Letztlich blieb mir nichts, als einen halben Monatslohn für einen Parkplatz auszugeben, der so weit vom *Striezelmarkt* weg war wie meine Wohnung, nur am anderen Ende der Stadt. Ein wenig ärgerte mich das. Für das Geld nämlich hätte ich mir eine ganze Straßenbahn kaufen können, die mich abends wieder abholt und vor der Haustür absetzt.

Jetzt helfen Sie mir bitte: Was ist denn so toll daran, bei minus zwei Grad Celsius und eiskaltem Wind eine Flasche Bier zu trinken?

Nichts gegen Bier, wissen Sie, im Sommer sowieso oder abends, wenn die Kinder nicht schlafen wollen, damit die Erziehung einem den Buckel runterrutschen kann. Oder in der Kneipe mit den Kumpels, wie auch immer. Ich finde aber keinen Grund, mir in dieser Dürre ein Bierchen reinzuzwingen. Ich hätte regelrecht Schluckbeschwerden, weil mein Körper auf alles gefasst wäre, nur nicht auf die kalte Plörre, und ich müsste augenblicklich auf Toilette, kaum dass der erste Tropfen meine Kehle hinabgelaufen wäre. Einen Glühwein lasse ich mir gefallen, der ist wenigstens heiß, oder einen Grog oder wenigstens einen doppelten Wodka. Der ist zwar kalt, aber dafür setzt er chemische Reaktionen in mir in Gang, die mich zu einer glühenden Sexbombe machen.

Warum ich eigentlich frage? Weil ungefähr sechzig Jugendliche, die in einer Gruppe am Rande des *Striezelmarktes* standen, genau das taten. Männlein wie Weiblein taten sich am Gerstensaft gütlich und schienen es noch toll zu finden. Sie tanzten sogar die ganze Zeit. Oder … nein … Moment … Die tanzten nicht, die mussten allesamt aufs Klo.

Jetzt also war ich auf dem Markt und fasziniert blickte ich mich um. Ich sah aber nur Menschen. Menschen über Menschen. Es war absolut irre, fast so, als hätte alle Menschen dieser Stadt eine gewisse Hysterie befallen, unbedingt auf den *Striezelmarkt* zu müssen. Ich selbst kenne genügend Leute, für die es zum Pflichtprogramm gehört, mindestens einmal da gewesen zu sein, um sich den Kopf mit Glühwein dichtzumachen und den Magen auch mit irgendwelchem Zeug.

Natürlich verstehe ich das in gewisser Weise. Ich verstehe jeden Menschen in gewisser Weise, auch Massenmörder. Denn auch ich hatte ja einen gewissen Drang verspürt, sonst wäre ich nicht da gewesen. Ich war als Kind sehr oft auf dem *Striezelmarkt* und natürlich – es wird Ihnen wahrscheinlich genauso zum Halse heraushängen, das zu hören, wie mir – war es für mich als Kind ein ganz tolles Erlebnis. Ich wollte Zuckerwatte, Waffeln, gebrannte Mandeln, kandierte Äpfel und Kräppelchen. Glühwein wollte ich nicht. Ich wollte die dämlichen Figuren anstarren, als ob sie allein durch das Anstarren zum Leben erwachten. Ich wollte die Pyramide sehen, wie sie sich dreht und dreht und dreht und dreht ... Doch nun bin ich erwachsen und wiege die Umstände auf, die es mich kostet, in die Stadt zu kommen, gegen das Vergnügen, überteuertes Zeug zu kaufen, nur um durchgefroren, arm und mit Bauchschmerzen und bestenfalls bestohlen wieder heimzufahren. Meistens komme ich zu dem Schluss, dass es eigentlich völlig sinnlos ist, denn Kräppelchen und Glühwein gibt es auch auf dem Parkplatz vorm Supermarkt und Weihnachtsstimmung kommt angesichts der angetrunkenen Menschenmassen und geschätzten eine Million Touristen auf dem *Striezelmarkt* auch nicht auf. Warum also war ich trotzdem da?

Ich sage es Ihnen natürlich: Es war der gesellschaftliche

Zwang. Jeder Hornochse und auch alle anderen fragen mich spätestens zwei Tage nach der Eröffnung des Weihnachtsmarktes, ob ich denn schon einmal da gewesen wäre. Warum denn eigentlich? Bin ich sonst kein guter Staatsbürger? Werden gar Listen geführt? Bezahle ich deshalb vielleicht jedes Jahr mehr Krankenkassenbeitrag? Bin ich denn wieder einmal der Einzige, der das Ganze nicht versteht? Und ja, natürlich beuge ich mich dem Druck. Auch dem Druck der Familie, die natürlich hinwill, vor allem die Kinder, die all diesen Kram essen wollen, den ich ebenfalls haben wollte, die auch Karussell und Riesenrad fahren wollen und nicht kapieren, warum man keine sechs Euro pro Fahrt dafür ausgeben will, wo ich doch jede Woche fünfzig Euro für Wodka und Schmerztabletten ausgebe.

Kennen Sie die auch, diese Meldung, etwa zwei Wochen nach der Eröffnung des *Striezelmarktes*? Die Händler klagen, die Umsätze würden einbrechen, es wären zwar viele Leute da, aber keiner würde etwas kaufen. Ich kann mich nur totlachen, wenn ich das höre. Keiner kauft? Es lohnt sich kaum, einen Stand zu mieten?

Also, wenn es sich nie lohnt, denn diese Meldungen höre ich seit etwa neunzehn Jahren, warum dann diese Mühe jedes Mal? Ich würde einfach spontan behaupten, die Händler verdienen sich dumm und dusselig – und warum?

Weil die Leute dumm und dusselig sind, um das mal auf den Punkt zu bringen. Die machen sogar Preissteigerungen beim Glühwein mit – und zwar nicht jährlich, nein, sogar schon drei Tage nach der Eröffnung! Die stapeln sich regelrecht um die Glühweinstände und ich frage mich immer, was die eigentlich machen, wenn sie eine Tasse ergattert haben, denn man kommt ja gar nicht weg, ohne die Hälfte zu verschütten, und dann stellt man sich noch einmal an, um den Pfand zurückzubekommen. Ein Wunder, dass nicht alle nachher ihre Jacken wegschmeißen müssen, und ein Wunder, dass die Glühweinhändler nicht allesamt mit dem *Ferrari* nach Hause fahren.

Die Leute essen matschiges Zeug, das nach Zwiebeln und Pilzen schmeckt, aus Plastiknäpfchen. Sie trinken Glühbier, laben sich an Schokobananen, Stollen, Wurst, Kräppelchen und was weiß ich noch alles, egal, was es kostet. Es soll mir ja keiner erzählen, welch ein Reinfall der Weihnachtsmarkt in diesem Jahr für ihn war. Es sei denn natürlich, man versucht Socken, Hausschuhe, Kerzen und Kalender zu verkaufen. Dann braucht man sich ob der gähnenden Leere vor seinem Büdchen nicht zu wundern. Ich jedenfalls nutzte die Gelegenheit, mich im Windschatten eines Sockenstandes von dem Gedränge zu erholen, welches bei mir panikartige Zustände auslöste, auch wenn ich dabei ein schlechtes Gewissen bekam wegen der armen Frau, die sich die Beine in den Bauch stand und vor Kälte schlotterte, ohne auch nur einen Cent einzunehmen.

Offenbar hatten die anderen Leute ein noch größeres schlechtes Gewissen als ich oder einfach nur Angst, aus lauter Mitleid ein paar Socken kaufen zu müssen, deshalb mieden sie die Nähe dieser Geschäfte. Dieses Mitleid habe ich nicht, jedoch eine Geschäftsidee: Liebe Sockenverkaufsbudenbetreiber, besorgen Sie sich ein paar Stehtische und verkaufen Sie Glühwein! Sie glauben gar nicht, wie das zieht. Ich glaube, im Einkauf kostet ein Liter Glühwein einen Euro oder so. Die Gewinnspanne liegt also bei vierhundert Prozent — und da habe ich die Standmiete schon abgezogen.

Zum Schluss dann, obwohl ich angewidert war von dem ganzen Rummel, der blinkenden LED-Weihnachtsbeleuchtung, den erzgebirgischen – den Preisen nach aus Gold gefertigten – Kostbarkeiten und den staunenden, busweise herangekarrten Touristen, die fasziniert davon schienen, wie herrlich hier alles war, wollte ich mir auch etwas gönnen. Also trat ich vor einen Kräppelchenstand, als sich durch puren Zufall eine Lücke davor auftat, ehe die Leute bemerkten, dass sie aus Versehen bei einem Kalenderverkäufer und einem Kristallhändler angestanden hatten, und taumelte wieder zurück, als ich las: *Kleine Tüte 3 €, mittlere Tüte 5 €, große Tüte 7 €.* Ich seufzte ergeben und gab drei Euro aus. Ich konnte ja nicht hier gewesen sein, ohne wenigstens irgendetwas zu kaufen, was kein Paar Socken war.

Ich gebe zu, die kleine Tüte war gar nicht so klein – und sie war genau in dem Moment leer, als mein Magen das erste Mal krampfte, weil er glaubte, ich hätte Styropor gegessen. Aber mal im Ernst: Selbst wenn die große Tüte dreimal so groß gewesen wäre oder auch so groß, dass ein Elefant Bauchschmerzen bekäme, es darf kein Gesetz auf der Welt geben, welches erlaubt, dass eine Papiertüte voller halb garem Teig, der aus Mehl, Zucker und Öl besteht und mit Puderzucker bestreut wurde, sieben verdammte Euro kostet!

Doch wieder einmal erkenne ich bei dieser Gelegenheit die wahre Natur des Menschen: Alle klagen, wie schlecht das Geschäft läuft, verlangen unverschämte Preise für ihre Ware, die anderen klagen, wie teuer alles geworden ist, und rennen doch immer wieder hin, um sich genau dieses teure Zeug zu kaufen. Also alles beim Alten und alles in Ordnung, die Menschheit wird noch ein weiteres Jahr bestehen bleiben.

Das beruhigte mich, denn ganz allein will ich ja auch nicht sein. Ich fuhr also zum Supermarkt, trank auf dem Parkplatz einen Glühwein, der einen Euro kostete, aß eine Bratwurst und eine weitere Tüte Kräppelchen — und während ich so stand, mich über das wohlige Gefühl in meinem Bauch freute, mein Auto ganz in meiner Nähe wusste und in den kalten Abendhimmel starrte, während all die Menschen mit ihren Einkaufswagen an mir vorbeirasselten, da fielen ein paar kleine weiße Flöckchen vom Himmel.

Da wusste ich wieder, was Weihnachten wirklich bedeutet. Keine Menschenmassen, keine Abzocke, kein Stress bei der Parkplatzsuche, keine angetrunkenen Jugendlichen. Ich nickte zufrieden und rannte in den *Media Markt*, um tausend Euro für Geschenke auszugeben.

FREIE MEINUNGSÄUSSERUNG

So, nun schnell noch etwas zum Klima, so lange für eine freie Meinungsäußerung noch nicht die Todesstrafe droht.

Na, der haut wieder auf den Putz, denken Sie jetzt bestimmt. Aber Sie werden sehen, wir kommen noch so weit bei dem Fortschritt, den wir jährlich auf diesem Gebiet machen.

Fangen wir erst mal harmlos an: beim Tierfilm. So etwas habe ich als Kind gern gesehen. Ich fand es spannend, was da so alles kreucht und fleucht und wie es sich gegenseitig umbringt. Später dann hab ich Tierfilme eher zur Entspannung gesehen. Ich wusste ja schon so ziemlich alles über Tiere und fand es einfach nur beruhigend: das leise Gebrabbel des Erzählers, das Plätschern einer Ente, die ins Wasser flutscht, das Tröten von Elefanten, das Brüllen der Löwen, das Knistern eines kleinen Nagers und sein niedlicher Todesschrei, wenn er von der Schlange erwischt wurde. Dies alles ließ mich selig einschlummern – bis ich dann mit Pauken und Trompeten von der Werbung geweckt wurde.

Nun aber kann man keinen Dokumentarfilm mehr sehen, der die Schönheit der Erde preist, ohne dass am Ende mit schauriger Stimme verkündet wird, dass bald alles am Arsch ist, wenn der Klimawandel nicht gestoppt wird. Da schreckt man hoch, kriegt Gewissensbisse, Angstzustände und schaut schon mal nach draußen, ob der Meeresspiegel bereits angestiegen ist und tote Eisbären am Haus vorbeigespült werden. Und wenn man sich ein bisschen konzentriert und mal zuhört, was so erzählt wird in den Nachrichten, stellt man fest, dass dieses Wort „*Klimawandel*" sich klammheimlich in den allgemeinen Sprachgebrauch eingeschlichen hat – oder eingeschlichen wurde. Sogar mein Toilettenpapierhersteller wirbt nun damit, dass er zehn Prozent* weniger CO_2 (*im Vergleich zum Vorjahr) zur Herstellung braucht.

Also ich bin ja keiner dieser Menschen, die hinter jeder Sauerei gleich eine Verschwörung vermuten, doch wenn ich sehe, wie die Politiker den Klimawandel für alle möglichen Zwecke nutzen, jede Steuererhöhung mit dem Klimawandel entschuldigen oder mit dessen Zwillingsbruder, dem Klimaschutz, dann wird mir warm ums Herz, weil ich erkenne, dass es offenbar doch Verschwörungen gibt. Und das ist ungefähr so, als hätte ich entdeckt, dass der Weihnachtsmann wirklich existiert.

Das haben sie aber auch prima hingekriegt, muss ich sagen. Allein dafür gebührt ihnen Lob. Es gibt kaum noch eine Rede, eine Fernsehsendung, einen Zeitungsartikel, in dem nicht das Wort „*Klimawandel*" oder „*Klimaschutz*" vorkommt. Jeder noch so kleine Sturm wird dem Klimawandel zugeschrieben, jede Kälte- oder jede Hitzeperiode, die länger als vier Stunden anhält, ebenso. Auch werden bei jedem einfachen Wetterumschwung Unwetterwarnungen ausgerufen oder gar Katastrophenalarm ausgelöst. Hysterische Menschen rufen sich gegenseitig aufgeregt an, weil es mal zehn Minuten am Stück gießt, oder sie schrecken panisch aus dem Schlaf, weil ein Herbstorkan die Mülltonne umgepustet hat. Pressegeile Meteorologen wetteifern um die wildeste Bildzeitungsschlagzeile und widersprechen sich in einem fort, denn während der eine den trockensten Sommer aller Zeiten ankündigt und der andere den kältesten, spricht der dritte vom feuchtesten und der vierte davon, dass es der letzte Sommer überhaupt und für immer wird. Brechen mal drei Vulkane gleichzeitig aus — und zwar jeweils zehntausend Kilometer voneinander entfernt —, heißt es natürlich, der Klimawandel sei daran schuld. Einmal ganz von den Leuten abgesehen, die behaupten, das wäre Gottes Strafe für irgendwelche Sünden, weshalb Gott jetzt kleine Kinder und Rentner in den angrenzenden Dörfern umbringt.

Neulich wurde eine Studie bekannt gemacht, wonach wir am 23. August eines jeden Jahres den auf das Jahr gerechneten Wert an CO_2-Abgasen überschreiten, der zur Rettung des Klimas hätte erreicht werden dürfen. In den Nachrichten wird nicht mehr nur von *„starken Regenfällen"* geredet, sondern von *„sintflutartigen Regenfällen"*. Und es gibt nicht mehr nur Herbststürme, sondern Orkane. Es gibt auch keine starken Schneefälle mehr im Winter, sondern gleich ganze Blizzards, und die Schneepflüge kommen mit dem Räumen kaum noch nach. Letzteres wird übrigens nicht dem Klimawandel angelastet, sondern gilt schon seit dem Anbeginn der Zeit. Ich glaube, Erich von Däniken hat beim Entschlüsseln ägyptischer Hieroglyphen sogar eine Botschaft gefunden: *„Sehr geehrter Herr Pharao, wir brauchen dringend mehr Schneepflüge!"*

Ich frage mich gerade, was ich mit einer solchen Unwetterwarnung eigentlich anfange.

Ich schaffe — wie immer — die Kinder in den Kindergarten und gehe dann auf Arbeit. Was soll ich sonst tun? Das Haus festhalten? Dem Wind entgegenfächern?

Was soll das Ganze, fragt man sich, wenn man all das entdeckt hat. Was wollen die damit erreichen? Wenn man es sich mal genau überlegt: Was kann man denn tun? Ich fahre nicht unnötig mit dem Auto und erst recht fahre ich keinen Spritfresser. Ich drehe die Heizung in der Wohnung nur so weit auf, wie es nötig ist. Ich lasse das Licht nicht unnötig brennen. Ich kaufe Holzkohle aus dem Erzgebirge und nicht aus dem Regenwald. Ich fliege so wenig wie möglich und trenne brav den Müll. Was also soll ich tun? Ich höre immer nur, wir sollen etwas ändern? Soll ich in den Wald ziehen und in einer Hütte wohnen? Warum also das Ganze?

Ist doch ganz logisch: Man braucht einfach einen Feind, mit dem man die Bevölkerung beschäftigen kann. Einen dauerhaften, verlässlichen Feind, so wie früher die atomare Bedrohung. Und dieser Feind ist das Klima – besser gesagt, dessen Wandel. Mit dem kann man prima punkten, wenn man eine Steuer erhöhen will oder Benzin teurer machen oder die Innenstadtluft mit einer käuflich zu erwerbenden Feinstaubplakette filtern.

Letzteres ist übrigens auch nur eine versteckte Steuer für nichts, denn es gibt keinerlei Beweise, dass diese Aktion irgendeinen Nutzen bringt. Stattdessen steigen und sinken die Feinstaubbelastungswerte mit der Temperatur und werden außerdem von Trockenheit und Regen beeinflusst.

Ich denke, so ziemlich alles lässt sich mit dem Klimawandel als Argument durchdrücken, denn die fiese Natur liefert tagtäglich Anlässe, darauf hinzuweisen: Da regnet es zwei Tage in Mexiko oder in London fällt drei Tage lang mal kein Regen und in Wattenscheid wurden kürzlich drei Ziegel vom Dach geblasen.

Ich halte es für ratsam, ein wenig Skepsis walten, anstatt sich von dieser Hysterie anstecken zu lassen. Und um all denen gleich den Wind aus den Segeln zu nehmen, die schon mit Trillerpfeife und Schlafsack auf dem Weg zu meinem Haus sind, um mich vom Klimawar del zu überzeugen, sage ich frei heraus: Ich leugne ja gar nicht, dass es einen Klimawandel gibt.

Nanu? Warum also das Ganze, frage ı Sie sich jetzt vielleicht.

Soviel ich aus Büchern weiß – und glauben Sie mir bitte, ich lese sehr viele Bücher, man sollte sich nämlich nicht nur an einem festhalten –, gibt es schon immer einen Klimawandel auf der Erde und es wird ihn auch immer geben. Das Klima ist eine solch komplexe und dynamische Sache, dass es sich kaum nachvollziehen, geschweige denn vorausberechnen lässt.

Ich habe furztrockene wissenschaftliche Bücher gelesen, in denen stand, dass uns eher eine neue Eiszeit ins Haus steht als eine Warmzeit. Ich habe Bücher gelesen, in denen stand, dass der CO_2-Wert in der Luft oft schon viel höher gewesen sei, als er es jetzt ist, und dass sich dies keineswegs nur schädlich ausgewirkt hätte. Die Entstehung der babylonischen Hochkultur zum Beispiel fiel in eine solche Warmperiode mit hohen CO_2-Werten, welche weder von Kühen noch von Flugzeugen oder Autos beeinflusst waren. Ich habe Bücher gelesen von echten Wissenschaftlern, also Leuten, die wirklich Ahnung haben müssten, Meteorologen zum Beispiel, in denen stand, dass überhaupt noch gar nicht nachgewiesen sei, dass ein hoher CO_2-Wert in der Luft das Klima anheize. Was bedeuten müsste, der Handel mit den CO_2-Emmissionspapieren ist nichts weiter als der katholische Ablasshandel im Mittelalter, bei dem man sich mit ein paar Dukaten von all seinen Sünden freikaufen konnte, sei es Mord oder Steuerhinterziehung. Vielleicht sollte man auch nebenbei erwähnen, wer denn eigentlich die Forschungsgelder verteilt und welcher Forscher sie bekommt. Ich weiß nicht, ob das nötig ist …

Nein, ich bin natürlich *nicht* für Umweltverschmutzung – danke für den netten Zwischenruf aus den hinteren Reihen. Ich bin dafür, dass die Umwelt so sauber wie möglich gehalten wird. Ich bin nur nicht dafür, hysterisch jeden niederzuschreien, der es wagt, an den sogenannten *erneuerbaren Energien* zu zweifeln oder sogar zu behaupten, dass Atomkraftwerke vielleicht doch eine Lösung sein könnten. Soweit ich aus Büchern informiert bin, muss eine Solarzelle sechs Jahre lang Strom liefern, ehe sie den Strom wieder hereingeholt hat, der zu ihrer Herstellung gebraucht wurde. Außerdem frage ich mich, wie riesig die Solarfelder sein müssten, um genügend Strom zu produzieren. Und soweit ich das verstanden habe, können selbst riesige Windkraftanlagen unseren Stromverbrauch nur zu einem Viertel decken.

Nebenbei bemerkt, frage ich mich, ob diese riesigen Windräder nicht selbst den Wind und das Klima beeinflussen. Staudämme zu bauen, ist auch nicht gerade umweltfreundlich, Gezeitenkraftwerke machen die Tierwelt im Meer zu Fischbrei und die Starkstrom-Überlandleitungen will auch keiner sehen. Kohlekraftwerke produzieren letztlich das teuflische CO_2.

Was also tun? Einfach alle Atomkraftwerke abschalten, ist nicht die Lösung.

Aber natürlich will ich kein Atomkraftwerk neben meinem Haus und auch kein Endlager in meiner Nähe haben. Wer hätte das gedacht, die sollen schön da bleiben, wo sie sind. Es geht mir nur darum, zu zeigen, dass es falsch ist, einen Schritt zurück zu fordern, anstatt einen Schritt vorwärts zu machen — vor allem, wenn unsere Nachbarn ihre Atomkraftwerke nicht abschalten, sondern sogar noch neue bauen. Sollten wir nicht lieber mehr Geld in die Atomforschung investieren, um sichere Atomkraftwerke bauen zu können und eine bessere Möglichkeit zu finden, den Müll loszuwerden? Stattdessen fordern nun schon einige, die Atomforschungseinrichtungen zu schließen und die Professorenstellen zu streichen.

Und nun noch Folgendes zum Schluss: Warum wird denn die globale Erwärmung, die uns angeblich ins Haus steht, immer nur mit solch katastrophalen Folgen angekündigt? Natürlich würde sie große Veränderungen mit sich bringen, aber das muss doch nicht automatisch nur Schlechtes bedeuten. Um die Tier- und Pflanzenwelt mache ich mir keine Gedanken. Die Evolution wird schon dafür sorgen, dass alle neuen Nischen besetzt werden. Das macht sie seit Milliarden von Jahren. Und auch der Mensch wird Mittel und Wege finden, aus den neuen Umständen finanziellen Gewinn zu ziehen. Warum also wird immer nur angekündigt, wie trocken, heiß, stürmisch, ausgedörrt, überschwemmt und beschissen alles wird, obwohl nichts von dem berechenbar und bewiesen ist? Warum behauptet nicht mal jemand, dass in Deutschland ein tropisches Paradies entsteht mit drei Ernten im Jahr oder die Sahara zu blühen beginnt? Vielleicht wird Sibirien ein beliebtes Urlaubsgebiet und Australien der Weizenproduzent Nummer eins auf der Welt, denn das ist genauso wahrscheinlich wie jede andere Behauptung.

Ich kann nur sagen: Ich weiß nicht, was wirklich passieren wird. Ich weiß nur, dass es auch niemand anderes weiß und dass man, wenn man zehn Experten über dieses Thema diskutieren lässt, zehn verschiedene Ergebnisse und Meinungen hören wird. Eine riesige und mächtige Lobby, zu der mittlerweile ehemalige Vizepräsidenten der USA und so ziemlich jeder europäische und alle deutschen Politiker gehören, verbreitet Angst und Schrecken, um die Bevölkerung weichzukochen.

Ich sage (aber fühlen Sie sich nicht genötigt): Wir sollten weiterhin schön unseren Müll trennen, nicht sinnlos mit dem Auto in der Gegend herumfahren, kein Tropenholz verbrennen und kein Zyanid ins Grundwasser kippen. Und wir sollten aufmerksam sein, Veränderungen erkennen und uns darauf einstellen, anstatt alles einfach nur unreflektiert nachzuplappern, was irgendwelche Politiker von sich geben.

EINE LANZE ODER DREI

Darf ich mal was sagen?

Schütteln Sie nur den Kopf, ich tue es ja trotzdem. Beim Überlesen meiner Geschichten ist mir gerade klar geworden, dass ich ein alter Meckerheini bin. Offenbar finde ich immer irgendwo etwas auszusetzen und es ist ja wirklich auch alles ganz furchtbar. Deshalb möchte ich an dieser Stelle mal ein paar Lanzen brechen.

Fangen wir ganz klein an, nämlich bei meiner *PlayStation*.

Ach, da werden wieder ein paar Leute die Augen verdrehen, vor allem wahrscheinlich die Frauen. Und ein paar Älteren unter Ihnen müsste ich wahrscheinlich erst einmal erklären, worum es hier geht. Um eine Spielekonsole. Ein elektronisches Abspielgerät für Videospiele auf meinem Fernseher. In erster Linie ist es für die meisten ein scheinbar hirnloser Zeitvertreib, geschaffen, um kleine Jungs und junge Männer vor die Glotze zu locken und um sie zu veranlassen, immer wieder Hunderte Euro auszugeben, um sich neue Spiele zu kaufen, die immer blutrünstiger werden.

Möglicherweise ist es kein besonders sinnvoller Zeitvertreib, vor dem Fernseher zu hocken und mit Rennautos durch eine künstliche Gegend zu fahren oder irgendwelche Leute abzuknallen. Doch sehen wir uns nur mal kurz die Alternativen an. Puzzeln zum Beispiel.

He, ich will nichts gesagt haben, ich puzzele auch gern, doch wirklich sinnvoll ist es nicht, zerschnittene Bildchen wieder zusammenzusetzen.

Oder Modellflugzeuge bauen, die man dann anmalt und zum Staubfangen aufhängt. Fußball spielen? Möglicherweise ist es gesünder – bis zu einem gewissen Punkt. Dem Punkt, an dem man sich die Knochen bricht oder einen Herzinfarkt bekommt. Sinnvoller ist es nicht, das können Sie sich aber selber erklären. Es ist ganz einfach, wenn man mal darüber nachdenkt. Wandern könnte man gehen, aber das geht ja auch nicht immer. Und so schön es ist, durch die Gegend zu latschen und sich die Natur anzusehen, wo da ein wirklicher Sinn sein soll, ist mir auch nicht ganz klar. Lesen sollte man, das stimmt, aber den ganzen Tag nur lesen, macht einen zum Einzelgänger, außer wenn es sich bei dem Lesestoff ausschließlich um meine Bücher handelt. Also reden wir hier bitte nicht vom Sinn einer Sache.

Ich persönlich habe das Computerspielen recht früh für mich entdeckt – früh für einen DDR-Bürger, versteht sich. Da erwarb ich im zarten Alter von sechzehn einen *Commodore 64* mit etwa einhundert kleinen, verpixelten Spielen. Soll heißen, die meisten waren recht primitiv und die Grafik für heutige Verhältnisse unter aller Sau. Aber wissen Sie, ich konnte Formel 1 fahren oder Krieg spielen oder gegen den Predator kämpfen und an den Olympischen Spielen teilnehmen, auch wenn es sich dabei um die Urmenschenolympiade handelte, bei der zum Beispiel Frauenweitwurf ein beliebter Sport war (den ich heutzutage noch gern manchmal betreiben würde). So steigerte ich mich im Laufe der Jahre zur *PlayStation* 3 und 4 und ich werde auf alle Fälle auch die *PlayStation* 5 und 6 erwerben und was weiß ich, wie viele ich noch erleben darf. Und um es noch einmal deutlich zu machen: Ja, ich spiele gern damit und ich habe kein schlechtes Gewissen dabei. Da gibt es Spiele, die so ziemlich alles bieten, was das Männerherz begehrt. Man kann zwischen Hunderten Fahrzeugen wählen, kann fliegen, tauchen, schießen oder einfach nur Leute über den Haufen fahren.

Ich weiß, das ist eigentlich nicht lustig, auch wenn die wirklich hübsch durch die Gegend fliegen, und manch einer versteht den Unterschied zwischen Spiel und Realität nicht, doch das ist vielleicht einer von hunderttausend und meistens ist es auch noch einer, der es sowieso nie leicht hatte und von allen gemobbt wurde. Und immer wenn einer dieser Jungs austickt und zum Amokläufer wird, stellt man zuerst fest, dass er am PC *Counterstrike* gespielt hat oder auf Konsole *Grand Theft Auto* – ein Gangsterspiel. Dass er sein Leben lang geärgert wurde, keine Freundin bekam, weil er klein und hässlich war, oder von seinen Alten verprügelt wurde, ist dann erst mal nebensächlich. Die Verrohung der Jugend findet – meiner Meinung nach – nicht am PC statt. Ein aufgeklärter Jugendlicher hat seinen Spaß damit und geht nachher nach draußen, um Fußball zu spielen. Und um es mal auf die Spitze zu treiben: Hätten sich die Jungs 1933 ein wenig am Computer abreagieren können, wer weiß, wie weit die Wehrmacht dann gekommen wäre. Bis Level eins vielleicht, aber niemals bis zum Endgegner.

Die nächste Lanze breche ich für *McDonald's*.

In bestimmten Kreisen verschrien als fettmachende Geldmaschine, klingt es immer noch irgendwie billig, wenn man sagt, man gehe dort essen. Niemand, der was auf sich hält, würde seine Angebetete zu *McDonald's* ausführen, lieber schleppt er sie zum Chinesen. Was aber ist so schlimm an den guten alten Burgern und Fritten? Klar, es ist teuer, aber das ist es anderswo genauso. Gehe ich in ein Restaurant, komme ich auch kaum noch unter fünfzehn

Euro pro Person weg, und für ebenso viel Geld kann ich mir bei *McDonald's* ordentlich die Plauze vollhauen.

Es macht dick, schreit da das intellektuelle Öko-Herz. Doch ist das wirklich so? Ein Brötchen mit Hackfleisch, Käse und ein bisschen Grünzeug dazwischen, was ist denn daran schlimm? Besser als eine vor Fett triefende Bulette mit Brötchen aus der Imbissbude. Dick macht *McDonald's* nur dann, wenn man dort andauernd isst. Und das wiederum kann man dem Konzern nicht vorhalten, denn die zwingen niemanden, bei ihnen zu essen. Nein, die Kids gehen in Ermangelung besserer Alternativen dahin oder weil sie zu Hause schlecht versorgt werden. Und selbst der Schmuddelcharakter, den mancher als letztes Argument ins Feld führen will, zieht nicht mehr, denn es zeigt höchstens, wie lange er nicht mehr dort essen war. Wirklich schmuddelig ist es nirgendwo mehr, seit die meisten Restaurants umgebaut wurden. Darum also meine Lanze für *McDonald's*.

Die nächste Lanze breche ich für einen Fußballverein.

Nun habe ich schon des Öfteren verlauten lassen, dass mich Fußball im Allgemeinen und irgendwelche Vereine im Besonderen nur peripher tangieren, um es mal vorsichtig auszudrücken. Kommen wir aber zu *Dynamo Dresden*. Nun kann man ja nicht wirklich behaupten, dass Dynamo-Fans die friedlichsten Fans der ganzen Welt wären, doch stellen die Gewaltbereiten unter ihnen die geringste Anzahl dar. Bla, bla, bla. Aber wissen Sie, darum geht es mir gar nicht. Jeder Verein hat seine gewaltbereiten Fans und in jedem Verein gibt es einige, die versuchen, Pyrotechnik am Ordnungspersonal vorbeizuschmuggeln, um diese im Stadion zu zünden.

Ich selbst finde den Anblick gar nicht so übel, da sieht man wenigstens, dass etwas los ist. Was mich aber stört, ist die ungerechte und recht einseitige Behandlung der verschiedenen Vereine, besonders wenn es sich um Ost- und Westvereine handelt. Es war schon vor Jahren ganz offensichtlich, als Dynamo wegen finanzieller Schwierigkeiten beim Abstieg nicht nur eine, sondern gleich zwei Klassen tiefer rutschen musste, während andere Vereine, zum Beispiel Kaiserslautern, nur mit Punktabzug bestraft wurden. Andere große Vereine wie Dortmund oder Schalke wiederum haben ihren Schuldenberg auf Hunderte Millionen Euro gesteigert und werden unbehelligt gelassen. Und selbst die Berichterstattung, besonders des ZDF, lässt keinen Zweifel daran, dass man noch immer in Ost und West denkt und offenbar im Westen gern wieder unter sich wäre. Während die Fans von *Dynamo Dresden* als Randalierer und Hooligans verschrien werden, heißt es, im Block von Kaiserslautern herrsche Karnevalsstimmung, und Frankfurters Fans nennt man liebevoll „Zündelfreunde". Und während das Fernsehen bei Dynamo-Spielen nur darauf zu warten scheint, dass irgendwo eine Rangelei entsteht, werden zu den wöchentlichen Ausschreitungen in Osnabrück, Frankfurt und Stuttgart nicht einmal mehr Kamerateams entsendet. Und sollten sie doch aus Versehen einen brennenden Dortmunder Block gefilmt haben, wird das bei der Ausstrahlung sogleich unterschlagen. Eine Woche nachdem *Dynamo Dresden* vom Pokal ausgeschlossen wurde, brannten beim Spiel Schalke gegen Dortmund mindestens doppelt so viele bengalische Feuer, doch niemanden vom DFB hat es interessiert.

Und ganz zum Schluss noch einmal meine Meinung zur Gewaltbereitschaft: Ich habe gesehen, wie die Dresdner Fans beim Marsch zum Dortmunder Stadion von mehreren Tausend Polizisten eskortiert wurden – und zwar in einem schier undurchdringlichen Block, die Pfeffersspraydosen im Anschlag, als handele es sich nicht um Fußballfans, sondern um tollwütige Viecher oder gar Schwerverbrecher bei der Überführung in einen moderneren Knast. Ich könnte mir vorstellen, dass selbst der friedlichste Familienvater zum Hooligan wird, wenn er mehrere Stunden lang von der Polizei festgehalten wird und sich nicht einmal zum Pinkeln absondern kann, während draußen Dortmunder stehen und versuchen, die Atmosphäre mit Beleidigungen aufzuheitern.

Wie gesagt, eigentlich könnte mir das Ganze wirklich wurscht sein, doch fühle ich mich als Dresdner persönlich beleidigt und angegriffen, wenn der DFB sich ausgerechnet *Dynamo Dresden* herauspickt, um an dem Verein ein Exempel zu statuieren. Vor allem, da Dynamo es zu Hause scheinbar ganz gut hinkriegt, die Leute bei den Spielen in Schach zu halten. Damit hat sich die Führungsriege des DFB als ein exklusiver Klub Ossis hassender alter Männer geoutet. Was, meine lieben Herren, wollt ihr denn tun, wenn es mal zu richtigen Ausschreitungen kommt? Und zwar Frankfurt gegen Stuttgart oder Schalke gegen Bochum? Alle aus der Bundesliga ausschließen? Da können wir gespannt sein.

„WEIHNACHTEN WIRD UNTERM BAUM ENTSCHIEDEN"

Können Sie sich an diesen Werbeslogan von *Media Markt* erinnern? Ja, ich weiß, schon wieder dieses Thema ... Aber es lässt mich nicht los. Vor allem, weil ich gerade wieder mitten drinstecke im Weihnachtstrubel.

Mal vom eigentlichen Sinn des Festes abgesehen, über den wir uns gerne streiten können, ist Weihnachten für mich immer eine Gelegenheit gewesen, das Jahr abzuschließen, mich zurückzulehnen und mich zu besinnen. Das habe ich selbst als Kind schon getan. Wahrscheinlich habe ich mich damals eher damit beschäftigt, wie viele Geschenke ich bekommen hatte, ob meine Sommerferien gut genug gewesen waren und welches Essen ich am leckersten fand. Keine Ahnung, ich weiß es nicht mehr. Später, als ich erwachsen war, gab es noch viele Gelegenheiten mehr, mich zurückzubesinnen und das Jahr noch einmal Revue passieren zu lassen. Meistens stellte ich dann fest, dass die Zeit wieder viel zu schnell vergangen war, welche Dinge ich nicht erledigt und welche Frauen ich nicht angesprochen hatte. Es gab aber auch Jahre, in denen es sich wirklich gelohnt hatte, zurückzusehen, besonders dann, wenn es galt, die Trümmerberge hinter mir zu besichtigen. Damit man richtig mit allem abschließen konnte, damit man sagen konnte: *Neues Jahr, neues Glück!*

Ich versuche das auch heute noch, das Rückbesinnen, doch es hat keinen Zweck, ich kann mich nicht einmal mehr entsinnen, was ich letzten Montag getan habe. Weihnachten ist kein Fest der Besinnung mehr. Weihnachten kommt auf mich zu wie ein ungebremster Güterzug. Weihnachten überkommt mich wie eine Naturkatastrophe. Weihnachten wird mir regelrecht in den Schädel gehämmert. Weihnachten hat einen völlig neuen Sinn bekommen – und zu verdanken haben wir das mehr oder weniger dem Einzelhandel, der von diesem Fest lebt und die Leute völlig kirre macht mit Dauerwerbung. Man wird regelrecht bombardiert mit Weihnachtsangeboten, mit Shopping-Gutscheinen und den neuesten Artikeln, die es gilt, unter dem Weihnachtsbaum zu platzieren. Kinder glauben ernsthaft, der Weihnachtsmann sei ein Angestellter von *Coca-Cola* und seine Rentiere wären riesige beleuchtete Trucks. Und die Leute trampeln sich tot in den Einkaufspassagen. Welches Ausmaß die ganze Sache wirklich annimmt und dass ich nicht total spinne, erkennt man leicht in den Supermärkten, wo die Leute Panikkäufe machen, als hätten die Geschäfte nicht nur zwei Tage, sondern zwei Monate geschlossen.

Selbst ich werde ab und an von diesem Wahn gepackt. Dann werde ich hektisch, dann denke ich, dies und das musst du haben, den neuesten *iPod* für die Kinder, Schmuck für die Frau, die Modelleisenbahn für Opa und das Häkelzeug für Oma. Dann drehe ich mich um mich selbst und weiß gar nicht, wo ich anfangen soll. Ich werde nervös, blicke ständig hin und her und kann zu Hause nicht einmal mehr kurz entspannen, weil ich die ganze Zeit denke, ich müsste raus und sofort etwas kaufen. Es ist wirklich vollkommen irre. Im Ernst, bitte lachen Sie nicht. Sehen Sie sich doch um! Alle halten das für normal, das ist es aber nicht.

Wie gesagt, mit mir können Sie gern über den Anlass für dieses Fest streiten, aber mal angenommen, alles wäre so, wie es in der Bibel steht, glauben Sie, Jesus Christus würde das wollen? Dass Weihnachten unterm Baum entschieden wird? Für die ersten Christen wurde Weihnachten wahrscheinlich in der Arena entschieden – und meist gewannen die Löwen. Und was soll denn bitte schön entschieden werden? Ob die Kinder nächstes Jahr noch durchgeknallter sind? Ob Mutti mal wieder mit Vati Hoppereiter spielt? Ob sich die Pubertätsphase der Großen um ein Jahr verlängert? Was soll schon sein? Man kann kaufen, was man will, entweder ist es das Falsche oder es ist zu wenig oder man legt die Messlatte für das nächste Jahr viel zu hoch und muss seinen Dispo bemühen, um das wieder zu überbieten. Wenn dieses Jahr Weihnachten unterm Baum entschieden wird, dann nächstes Jahr doch auch? Oder wird es dann in der Ofenröhre entschieden? Oder an der Front?

Einen weiteren Beweis dafür, wie weit der Wahn schon um sich gegriffen hat, sehen Sie allerorten. Leuchtete früher eine kleine Kerze, blitzen und blinken heutzutage die Fenster wie die nächtliche Autobahn nach einer Massenkarambolage, wenn die Rettungsmannschaften gerade eingetroffen sind. Lichterketten werden aufgehängt, jeder Hornochse hat einen beleuchteten Stern (ich auch). Kleine Tannenbäume blinken mit Hunderten LED-Lichtern. Pyramiden drehen sich unaufhörlich. Riesige Weihnachtsmänner winken von Dächern und Balkonen. Weihnachtsbäume sind überladen mit Stroboskoplichtern, glitzernden Dingsbumsen und überhäuft mit Tand und Glitter. Jedes Schaufenster versucht das Nachbarschaufenster zu übertrumpfen, mit künstlichem Schnee, riesigen Glaskugeln mit einem Durchmesser von bis zu einem halben Meter, mit Sternen, Rentieren, Schlitten und Weihnachtsmännern, welche mit ihren Armen Bewegungen ausführen, die einen irgendwie an Onanie erinnern. Überall dröhnt die Weihnachtsmusik von Frank Sinatra und *Wham!* und in jedem Einkaufszentrum kommen einem Weihnachtsmänner, Nikoläuse oder Engel entgegen und die Kinder gucken blöd, weil sie nicht wissen, ob sie jetzt schon ihr Gedicht aufsagen müssen, oder sich wundern, warum der Weihnachtsmann sich so heftig räuspert und in die Blumenrabatten spuckt.

Ich komme öfter an einem Häuserblock vorbei, in dem jeder, aber auch wirklich jeder einzelne Balkon beleuchtet ist. Mit Sternen, Schwibbögen, Girlanden, Bäumen, blinkenden Weihnachtsmännern, Leuchtzügen, Pyramiden und was weiß ich noch alles. Ich habe nur ein einziges Mal erlebt, dass ein Balkon nicht geschmückt war. Er kauerte dunkel und kalt zwischen all den grellen Bienenwaben. Wahrscheinlich ein neu Hinzugezogener, der sich mit der Dekoration ein wenig Zeit nehmen wollte, bis zum Nikolaustag vielleicht oder bis zum vierten Advent. Ich war ein bisschen stolz auf ihn, präsentierte sich sein Balkon doch als willkommener Ruhepol für meine gestressten Augen.

Doch schon ein paar Tage später war auch dieser Balkon hell beleuchtet. Ich nehme mal an, der Widerstand erstarb unter dem Druck einer Abordnung aufgebrachter Hausbewohner, die dem armen Mann die Finger brachen.

Und auch mein Widerstand zerbricht jedes Jahr am gesellschaftlichen Zwang. Ich selbst bin es eigentlich nicht, der zusammenbricht, doch schließlich will ich nicht, dass Frau und Kinder von ihren Mitmenschen ausgegrenzt werden, weil wir keinen Weihnachtsbaum zu Hause haben. Wo sind denn in dieser Zeit die guten Vorsätze hin, von wegen Strom sparen und Atomkraftwerke abstellen? Ich schätze mal, allein die zusätzliche Beleuchtung einer Stadt wie Dresden verlängert die Laufzeit eines Atommeilers um mindestens ein Jahr.

Und jetzt das! Wer hat ihn noch nicht gehört, diesen Spruch: *Mir ist noch gar nicht wie Weihnachten.*

Tja, die meisten glauben sich zu dieser Aussage genötigt, weil kein Schnee liegt, nein, manchmal sogar noch ein angenehmer Fön über den *Striezelmarkt* weht. Da rennen sie gleich nach Hause, sprühen noch ein paar zusätzliche Schneeflocken an die Fenster und holen die restlichen Lichterketten aus dem Keller. Dann fahren sie noch mal in die Stadt, um ein Dutzend Nussknacker zu kaufen und zwanzig Flaschen Glühwein. Oder sie stecken sich Rentiergeweihe an die Autofenster und eine rote Nase in den Kühlergrill.

Sie werden sich trotzdem nicht weihnachtlicher fühlen, wage ich mal zu behaupten, denn dieses Weihnachtsgefühl ist ein kleines, leises Gefühl, eines, das einen ganz heimlich beschleicht und sogleich wieder verschwindet, sobald man versucht, darauf herumzukauen. Manchmal packt es einen mitten im Sommer oder dann, wenn die ersten Schneeflocken fallen. Manchmal kommt es auf, wenn der Zufall alle Familienmitglieder an einen Tisch geweht hat und die Kinder nicht quengeln und die Frau nichts zu meckern hat und man für einen kleinen Moment glaubt, es wäre ja gar nicht alles so schlecht. Manchmal erwischt es einen, wenn man sich eine Folge *Ally McBeal* reinzieht oder wenn man ein Lied hört, das man schon ewig nicht mehr gehört und fast vergessen hat, dass man dazu seine erste Freundin küsste. Bestenfalls wird mir weihnachtlich, wenn ich im Dunkeln nach Hause fahre und mich ein paar kleine Lichter vom anderen Elbufer her grüßen. Dann denke ich: Die haben es gut, bei denen ist Weihnachten. Und ich werde melancholisch – und das ist schließlich fast genauso gut wie Weihnachten. Man kann von Glück reden, wenn dieses Gefühl wirklich gerade an Heiligabend mal einen Abstecher macht, um sich kurz blicken zu lassen. Jedoch besteht die Gefahr, dass man es gar nicht bemerkt zwischen all dem Geschrei, dem elektronischen Gedudel und den Gewaltfilmen im Fernsehen. Ich versuche jedes Jahr, die Augen offen zu halten. Ich weiß, dass es wahrscheinlich nichts nützt, aber die Hoffnung stirbt nie, erst recht nicht zu Weihnachten. Frohes Fest!

TIERISCH SCHEISSE

Es bleibt nicht aus. Selbst wenn man es nicht möch-te, selbst wenn man weiß, wie alles enden wird – es wird der Tag kommen, an dem man früh aufsteht und nicht weiß, was man tun soll mit dieser geballten Energie, die in den Kindern seit halb sechs in der Früh kocht und brodelt. Dann zieht man sich nach dem Frühstück an und denkt, man tut sich selbst etwas Gutes und den Kindern erst recht, und sagt: „Wir gehen in den Zoo."

Dies ist zugleich der Moment für den ersten Dämpfer, denn obwohl eines der Kinder euphorisch „Juhu!" schreit, ziehen die beiden anderen einen Flunsch, der so ziemlich alles bedeuten kann, jedoch nicht *Juhu*. Also motiviert man die Kinder ein bisschen, indem man droht, man gehe al-leine, und stellt sofort fest, dass es wohl genau das wäre, was die beiden Verweigerer am liebsten hätten. Also schreit man sie so lange an, bis sie sich endlich anziehen und zum Auto schlurfen.

Der Parkplatz vor dem Zoo ist eindeutig zu teuer und Platz zum Parken gibt es anderswo genug, man muss nur ein wenig laufen, doch das ist altmodisch.

Wenn ich überlege, was ich früher gelaufen bin! Eine halbe Stunde von der Neustadt bis zur Radeberger Vorstadt zum Beispiel, nur um dort festzustellen, dass mein Kumpel nicht zu Hause war. Das klingt nicht besonders schlimm, aber es war ja auch halb fünf am Nachmittag in der Woche. Ich konnte nicht fragen, ob er zu Hause ist, denn es gab kein Handy, geschweige denn überhaupt ein Telefon. Das erzähle ich nur, um Ihnen einmal den relativ kurzen Zeitraum klarzumachen, in dem sich so manches grundlegend verändert hat. Nicht einmal fünfundzwanzig Jahre ist das her. Einmal in der Woche ging ich an der Elbe entlang zum *Pionierpalast*, der jetzt *Schloss Albrechtsberg* heißt, zur Arbeitsgemeinschaft „Künstlerisches Gestalten". Die Spielplätze in dem wunderschönen Park haben den Namenswechsel leider nicht überstanden. Ich nehme mal an, sie waren mit radioaktiven Abfällen kontaminiert oder aus Asbest gebaut – ein anderer Grund, sie abzureißen, will mir leider nicht einfallen. Nun, einen Vorteil hat es: So treibt sich weniger Gesindel (Eltern mit Kindern) im Park herum. Aber ich merke schon, ich schweife ab.

Einmal eingeparkt, muss man seinen Kindern klarmachen, wie weit sie laufen sollen. Nun beginnt sogar das zuerst noch euphorische Kind zu maulen und der Plan droht zu kippen. Also geht man bis zum Äußersten und verspricht ein Eis. Jetzt feiern sie alle.

Ein bisschen dämlich sind Kinder schon, oder? Das Eis hätten sie auch so bekommen und mal davon abgesehen, lohnt es sich wirklich, so weit zu laufen für ein Eis, das man bei uns zu Hause um die Ecke auch bekommen kann? Nun aber wollen sie alle los und mir will nicht klar werden, warum die Aussicht auf gefrorene Milchpampe so viele Kräfte mobilisiert. Wenn mir einer ein Bier verspräche, wenn ich erst einmal eine Runde durch den Zoo gelaufen wäre, würde ich ihm wortgewandt erwidern, wo er sich den Zoo hinstecken könnte. Bestenfalls die Aussicht auf einen leckeren Gänsebraten würde mich nachdenklich machen. Aber ich muss es nutzen und frage nicht laut.

Kaum ist das Ziel in Sicht – und jetzt mal ehrlich, wirklich weit ist es nicht, einen Kilometer vielleicht … Ja, ich habe *Kilometer* gesagt! Das sind zehn mal hundert Meter. Klingt besser, was? Also, kaum ist das Ziel in Sicht, taucht ein neues Phänomen auf. Nein, so neu ist es gar nicht. Eigentlich ist es überhaupt nicht neu, stelle ich gerade fest. Die Kinder wollen nicht mehr. Kaum zu glauben, der Eingang ist zu sehen und dort eine immer länger werdende Schlange.

„Kommt jetzt!", sage ich und hinter uns hält eine Bahn und spuckt zweihundert Menschen aus, die sich wunderbar in einer Schlange – und zwar hinter uns – machen würden. Doch die ziehen alle an uns vorbei und ich verschwende meinen Atem, indem ich den Kindern zu erklären versuche, dass sie schon längst ihr dummes Eis hätten, wenn sie einfach weitergelaufen wären. Doch mittlerweile ist ihnen bewusst geworden, wie doof sie gewesen sind, sich von einem Eis locken zu lassen. Jetzt haben sie aber mit sich selbst zu tun. Denn einerseits ist ihnen das Eis gerade schnurzpiepegal, andererseits sind sie deshalb schon so weit gelaufen und sie wären ja noch blöder, wenn sich mich ungeschoren davonkommen ließen. Doch nun wiederum müssten sie noch weiter laufen – und dann noch durch den Zoo.

Sie lösen das Problem auf ihre Art – nämlich gar nicht. Stattdessen heulen sie und wollen getragen werden, was zur Folge hätte, sie müssten sich einigen, wer zuerst getragen würde, sofern ich darauf einginge.

In der Zwischenzeit hat mich eine Mutter mit vier Kindern überholt. Die liefen schnurstracks hinter ihr her, eines sogar vorneweg, und ich konnte meinen Kindern nur andeuten, wie affig sie sich benahmen und wie lieb die anderen Kinder waren – obwohl die allesamt so unansehnlich waren, dass man sich fragte, warum die Verwandtschaft der Eltern dieselben nach dem zweiten Versuch nicht gebeten hatte, aufzuhören, aneinander herumzuspielen.

Endlich kommen wir an. Fragen Sie nicht, wie! Es kam mir vor wie der Rückmarsch von Napoleons Armee aus Russland; ein Wunder, dass die Hälfte unterwegs nicht durch Hunger und Krankheit eingegangen ist. Hunderte, ach was, Tausende Menschen zogen an uns vorbei und stellten sich vor uns an.

Hoffentlich fressen die uns nicht das ganze Eis weg, denke ich. Was ich laut sage, ist genau das Gegenteil, damit die lieben Kleinen auch etwas zum Nachdenken haben.

Endlich bin ich dran. Für ein Kind, habe ich mir vorgenommen, werde ich bezahlen.

„Na, wie alt seid ihr denn?", fragt die Kassiererin — und obwohl sie sich gerade benommen haben wie Babys und kaum ein vernünftiges Wort sprechen konnten, antworten sie brav und teuer.

„Das macht dann siebzehntausend Euro!", strahlt mich die Frau hinter der Kasse an. Ich weiß, es ist etwas übertrieben, aber es fühlte sich so an in diesem Moment.

Jetzt sind wir also drin und alle Wagen sind weg. Sie wissen schon, die kleinen Holzwägelchen, mit denen man die Kinder durch den Zoo zerrt. Und *ich* bin natürlich daran schuld. Das bin ich natürlich nicht, jedoch die Kinder denken so. Und natürlich fällt ihnen im nächsten Moment auch schon das versprochene Eis ein. Ich hätte diesen Augenblick gern noch ein wenig hinausgezögert, doch wie soll das funktionieren, wenn direkt hinter dem Eingang die ersten Eiswimpel im Wind flattern?

„Ich wette", sage ich, „die vier lieben Kinder von vorhin

haben nicht so einen Aufstand gemacht." Und tatsächlich sehe ich sie, wie sie ohne zu murren im Gänsemarsch ihrer Mutter folgen. Vielleicht wollen sie auch ein Eis haben, doch sie wagen es nicht, ihre Mutter darauf anzusprechen.

Meine Kinder werden still und schauen betreten drein. Ich danke still der fremden Frau und bin trotzdem froh, dass es sich bei ihnen nicht um meine Kinder handelt. Sie wissen schon, warum. Wer will schon eine hässliche Frau mit gutem Charakter?

Meine Kinder senken die Köpfe und lassen sich von mir anstandslos vom Eis weg zu den Elefanten ziehen.

„Können wir jetzt endlich unsere *Game Boys* haben?", fragt der Älteste der vier braven Kinder. Die Mutter nickt und händigt vier Geräte aus. Augenblicklich beginnen alle vier zu spielen und lösen ihre Augen nicht ein einziges Mal von den Bildschirmen, so oft ich sie im Laufe des Tages noch sehe.

Jetzt wollen meine Kinder natürlich nicht mehr nur ein Eis – einen *Game Boy* wollen sie, ist ja klar. Stellen Sie ihnen die Wunder der Natur schnaufend, zitternd, gebärend, sabbernd und bluttriefend vor die Nase, sie vergessen alles, wenn sie nur auf ein kleines elektronisches Dingsbums starren können.

Die folgenden zwei Stunden vergehen ungefähr so:

„Seht mal!", sage ich zu meinen Kindern. „Das ist ein Chinesischer Riesensalamander. Er ist der größte Vertreter der Gattung der Schwanzlurche. Der Chinesische und der Japanische Riesensalamander sind die letzten noch lebenden Arten dieser Gattung. Beide stehen unter strengstem internationalen Schutz und dürfen nicht gehandelt werden. Körperteile und Organe spielen eine wichtige Rolle in der Traditionellen Chinesischen Medizin. In China stehen sie jedoch ebenfalls unter Schutz. Nur gezüchtete Tiere in der zweiten Generation, verletzte, verkrüppelte und zeugungsunfähige Tiere dürfen auf den Markt und somit zum Verzehr angeboten werden. Ausgewachsene Exemplare erreichen eine Gesamtlänge von bis zu einhundertachtzig Zentimetern und eine Gewicht von über sechzig Kilogramm. Der Salamander ernährt sich von Fischen, anderen Amphibien, Krebsen, Garnelen und Aas. Er bewohnt kühle bis kalte, sehr saubere Fließgewässer, in denen er sich tagsüber unter Felsen, Gehölz und Unterspülungen verbirgt.

Der Körper wirkt plump. Kopf und Rumpf sind breit, flach und niedergedrückt. An den Kopfseiten befinden sich sehr kleine Augen ohne Lider, seht ihr? Und auf jeder Körperseite beginnt am Hinterkopf eine faltige Hautwulst, die sich bis zum Schwanzansatz erstreckt. Die Gliedmaßen sind mit flachen Häuten gesäumt.

Der in verschiedenen Tönen braune Körper erscheint fleckig. Zur Fortpflanzung legen die Weibchen zwei Eistränge mit jeweils fünfhundert Eiern ab. Die Befruchtung erfolgt äußerlich. Erst nach zweieinhalb Monaten schlüpfen aus den von den Männchen bewachten Eiern etwa drei Zentimeter lange Larven.

Die Geschlechtsreife tritt frühestens im fünften Lebensjahr ein und in Zoos erreichen die Tiere ein Lebensalter von über sechzig Jahren.

Die Riesensalamander gehören zur Unterklasse Lissamphibia, zur Ordnung der Schwanzlurche, zur Überfamilie Cryptobranchoidae, zur Familie Cryptobranchidae, zur Gattung Andrias. Ihr wissenschaftlicher Name lautet *Andrias davidianus*."

Nun sehe ich mich um — und blicke in eine Reihe dankbarer und interessierter Gesichter mir völlig fremder Menschen, die sich alle zum nächsten Aquarium bewegen und meinen nächsten Vortrag erwarten. Nur eine ältere Dame scheint zu wissen, wonach ich suche.

„Ihre Kinder sind da hinten beim Kaugummiautomaten." So finde ich sie nach meinem Vortrag über Nacktmulle als einziges staatenbildendes Säugetier beim Popcornautomaten, nach meinem Vortrag über Aasgeier am Eisstand, nach meinem Vortrag über Schneeeulen beim Spielzeugbagger, in den man einen Euro einwerfen kann, um dann die gesamte Zeit damit zu verplempern, herauszufinden, wie der funktioniert. Egal, was ich erzähle, meine Kinder sind nach wenigen Sekunden verschwunden oder ohnmächtig geworden, weil ihr kleinen Gehirne nicht in der Lage sind, irgendetwas zu verarbeiten, was nicht piepst, dudelt, quietscht, funkelt oder nicht wenigstens fünfzig Euro gekostet hat.

Natürlich passieren wir auf dem Weg durch den Zoo mindestens zehn Imbissbuden und mit jeder, an der wir vorbeigehen, werden die Kinder unbeherrschter und mürrischer — und das, obwohl sie Eis, Popcorn und Kaugummis hatten. Und schließlich, als ich mich ergebe und hinter ihnen her in den nächsten Imbiss trotte, sehe ich, dass es der teuerste von allen ist. Und auch der vollste. Ich sehe in die gequälten Gesichter geschundener Eltern. Ich sehe die rotbackigen, fröhlichen Gesichter der Großeltern, denen alles egal ist und die ihre Enkel gern mit allen möglichen Süßigkeiten vollzustopfen versuchen. Und ich sehe Massen von Kindern mit eisverschmierten Gesichtern und vom Zucker glasigen Augen.

Ich selbst kaufe mir nichts, weil ich das gesamte Geld für meine Kinder brauche. Die sehen aber nicht aus, als freuten sie sich über Pommes mit Mayo, Himbeerlimonade, Kuchen, Zuckerstangen und noch ein Eis. Eher sieht es aus, als wären sie angewidert davon und hätten nur aus Prinzip darauf bestanden, all das zu bekommen. Einfach nur, um zu zeigen, dass man von ihnen nichts erwarten kann, wenn sie dafür nichts bekommen.

Müde und erschöpft taumeln wir aus dem Zoo – nicht ohne im Souvenirshop noch all die Tiere in Plüsch zu kaufen, an denen die Kinder vorbeigerannt sind, um zu den elektrischen Autos zu kommen.

Als wir dann im Auto sitzen und im zäh fließenden Verkehr nach Hause zuckeln, schreit das jüngste Kind: „Papa, da, Giraffe!" und deutet auf ein Werbeplakat an einer Bushaltestelle.

VAMPIRE DIARIES

Nicht lange her, da stand ich mehr oder weniger freiwillig an einem Zaun, der am Waldesrand ein Krankenhausgelände von der Natur trennte und den es zu „applizieren" galt. Das ist Fachmännisch und heißt übersetzt, er sollte grün angestrichen werden. Zuerst freute ich mich, denn ich dachte an den guten alten Tom Sawyer von Mark Twain. Der hatte dabei einen Riesenspaß, denn all seine Freunde und Bekannten kamen vorbei und denen machte er solange weis, wie toll es doch sei, diesen Zaun zu streichen, bis sie ihn dafür bezahlten, es selbst tun zu können. Deshalb bestellte ich mir schon mal einen *Mercedes*, ehe ich mit der Arbeit begann, und brachte eine Geldkassette mit.

Nun ja, in dieser Hinsicht war meine Aktion ein Misserfolg, denn erstens kamen keine Freunde vorbei – wohlweislich, nehme ich an. Und zweitens zeigten mir die meisten Leute einen Vogel, als ich ihnen erklärte, wie geil das sei, den Zaun zu streichen. Und der Einzige, den ich dazu überreden konnte, einen Pinsel in die Hand zu nehmen, rannte mit ihm davon.

Warum eigentlich streicht der Typ einen Zaun, wo er doch so ein irre guter Schriftsteller ist, fragen sich an diesem Punkt wohl die meisten. Die wissen natürlich nicht, dass ein Schriftsteller meist ein Opfer seiner Gutmütigkeit und der Dreistigkeit seines Verlages ist. So lesen die meisten Autoren erst nachdem sie den Vertrag unterschrieben haben, dass sie die Prozente vom Verlagsgewinn nicht bekommen, sondern dazuzahlen müssen. Deshalb muss ich mein Geld mit richtiger Arbeit verdienen.

Und jetzt fragen Sie sich bestimmt: Warum zeigten mir die Leute einen Vogel, als ich sie zum Streichen überreden wollte?

Weil sie glaubten, ich wäre nicht ganz dicht – und das nur, weil meine Worte von spastischen Zuckungen begleitet wurden. Ich ruderte mit dem freien Arm, zuckte heftig mit den Schultern, warf meinen Kopf nach rechts und links, trat mit den Füßen kräftig aus, schleuderte mein Hinterteil in alle möglichen Richtungen und manchmal vergaß ich mich und haute mir den Pinsel mit der grünen Farbe ins Gesicht, zwischen die Beine, auf den Bauch und den Rücken, unter die Arme und auf die Oberschenkel. Der Grund dafür waren natürlich die Mücken. Schon als ich meinen Fuß das erste Mal auf den Waldboden setzte, stoben sie in einer Wolke hervor, als wäre ich auf eine Tüte Mehl getreten. Und seit diesem Moment ließen sie nicht mehr von mir ab.

Es war heiß, achtunddreißig Grad im Schatten, der Schweiß rann mir aus allen Poren, ließ meine Kleidung am Körper kleben. Die Mücken surrten mir um den Kopf, stachen mir durch das Hemd in die Schulterblätter, stachen mir in den Hals, in die Fuß- und Handknöchel, in die Ohrläppchen, durch die Haare hindurch in den Kopf. Mir blieb keine andere Wahl, als mich unablässig zu bewegen und ständig mit den Gliedmaßen zu fuchteln. Manche Mücken waren so penetrant, sie versuchten, in meine Ohren, in die Nase und in den Mund zu gelangen, sodass ich nicht einmal um Hilfe rufen konnte. Ständig piekte es irgendwo und nach der ersten halben Stunde begann der Juckreiz einzusetzen. Ich begann mich zu kratzen und zu reiben, schob den Pinselstiel dahin, wo die Sonne nie scheint, schabte mich am Baum, schlug mich selbst mit erschreckender

Härte, schüttelte mich und sprang auf und ab und verbreitete damit meinen Geruch in alle Richtungen, bis sämtliche Mücken im weiten Umkreis ebenfalls Bescheid wussten und zu mir kamen. Ich wurde an Stellen gestochen, von denen ich noch nicht einmal wusste, dass ich sie besaß. Ich entdeckte Gegenden an mir wieder, die ich seit Jahrzehnten nicht besucht hatte. Ich fluchte und schimpfte und spuckte Mücken aus, die die Gelegenheit genutzt hatten, mir in den Mund zu fliegen. Und ich begann Mücken zu hassen. Also, wirklich zu hassen. Ich meine, nicht nur *nicht mögen*, sondern stellen Sie sich vor, Sie hassen etwas, und dann stellen Sie sich vor, das wäre noch gar kein richtiger Hass, weil dieser Hass gegen meinen Hass in etwa in einem Verhältnis steht wie ein Tischfeuerwerk zu einem Vulkan – und zwar einem von der fiesen Sorte. Also nicht nur so ein grummelnder Rauchberg, sondern einer wie der Krakatau, der mit einem Mal explodiert. Mein Hass war molekular. Ich hasste jedes einzelne Atom jeder einzelnen Mücke und ich wünschte, sie wären große, intelligente, denkende Wesen, dann hätte ich sie nach Guantanamo schicken und von der CIA foltern lassen können. Ich hasste nicht nur diese Mücken, sondern auch deren Eltern und Großeltern. Ich hasste sie so sehr, dass ich ihnen Namen gab, um sie persönlich beschimpfen zu können.

Doch schließlich, nach ein paar Stunden, gab ich auf. Ich strich meinen Zaun und versuchte, die Viecher zu ignorieren. *Was soll's*, dachte ich. Mir war alles egal. Wenn ein Vulkan hinter mir explodiert wäre oder man mir erzählt hätte, eine Bande Affen wäre aus dem Zoo ausgebrochen, ich hätte es gar nicht gehört.

Zu irgendetwas wird es gut sein, dachte ich.

Gegen Rheuma vielleicht. Oder gegen andere Mücken.

Es nützt ja nichts, dachte ich, *irgendwann bin ich mal tot, dann müssen sie jemand anderes stechen.* Vielleicht, dachte ich noch, *sollte ich mich so oft stechen lassen, bis sie kein Blut mehr riechen, sondern nur noch ihr eigenes verdammtes Gift.* Vielleicht, dachte ich weiter, *lassen sie von mir ab, wenn alle satt sind.* Vielleicht halten sie dann Mittagsschlaf.

Und tatsächlich – gegen Mittag ließ die Plage nach. Als es so richtig heiß wurde, verkrochen sich die Mistviecher. Bis sie zwei Stunden später wieder auftauchten. Und dann waren es noch mehr! Sie waren überall hingeflogen und hatten nun sämtliche Verwandte mitgebracht, manche surrten sogar mit bayrischem oder preußischem Dialekt.

Die nächsten zwei Stunden waren der blanke Horror. Manchmal konnte ich gar die Hand vor meinen Augen nicht erkennen, weil so viele Mücken auf meinen Lidern klebten und versuchten, mir in die Augäpfel zu stechen. Bei jedem Atemzug sog ich Hunderte Mücken ein. Ich warf mich auf den Boden und wälzte mich, als müsste ich ein Feuer ersticken.

Schließlich gab ich ganz auf, fuhr nach Hause, kippte erschöpft auf den Rasen und wurde beinahe von meinem Vermieter mit dem Rasenmäher überfahren, weil er mich auf der grünen Wiese nicht gesehen hatte.

Am nächsten Tag war ich schlauer: Ich packte mich von oben bis unten in zwei Lagen Klamotten ein und zog Handschuhe an. So konnten mich die Viecher nicht stechen – aber es hatte zur Folge, dass sie sich samt und sonders auf die wenigen freien Hautpartien stürzten, weshalb mich die Leute fragten, warum ich bei dieser Affenhitze noch schwarze Pulswärmer und einen Schal trug.

Schließlich zog ich mir noch die Kapuze über den Kopf und wurde nur deshalb davor gerettet, in meinen eigenen Klamotten zu ertrinken, weil man mich für einen Patienten hielt, der tags zuvor aus der geschlossenen Abteilung ausgebüxt war, um seinem Fetisch für Pinsel zu frönen.

Ich habe einiges gelernt in diesen zwei Tagen. Erstens stechen Mücken keine Rentner, so wie wir auch keine überlagerten Lebensmittel verbrauchen. Zweitens sind Mückensprays nutzlos, denn ihr Geruch versetzt die Mücken nur in einen tranceähnlichen Zustand, in dem sie ohne Rücksicht auf sich selbst an Blut gelangen wollen und sich kamikazemäßig mit dem Stachel voran auf ihr Opfer stürzen. Nimmt man sich die Zeit, kann man genau hören, wie sie „BANZAI!" schreien. Drittens sind Mücken organisiert – und zwar nicht wie ein Staat, sondern wie eine Mafia-Organisation. Es gibt Informanten, kleine, feige, unterernährte Fieslinge, die das Opfer auskundschaften. Es gibt Schläger, die die erste Drecksarbeit verrichten, die das Opfer weichkochen, wilde Gesellen, richtige Rocker; ich schwöre, ich habe welche gesehen, die waren tätowiert. Es gibt Killer, eiskalte Typen, die zielgenau dahin gehen, wo sie den meisten Schaden anrichten können. Es gibt die kleinen Bosse, die ihre Reviere verteidigen, und den Oberboss, der dir in die Unterlippe sticht, wenn du halb tot und unfähig, dich zu wehren, an der Hauswand lehnst. Sogar so was wie einen fliegenden Puff hab ich gesehen, junge Mückenweibchen, die den Kerlen das schwerverdiente Blut abknöpfen für ein paar Sekunden Spaß. Am schlimmsten aber sind die Agenten, die cleversten der Mücken, die sich, ohne dich zu stechen, an deine Kleidung heften und mit zu dir nach Hause kommen, wo sie dann über Nacht in deinem Schlafzimmer einen neuen Clan gründen.

Gegen Mücken kennt nicht mal meine liebe Oma ein Hausmittel. Ich hatte gehofft, sie hätte ein paar Tipps parat. Iss Knoblauch, legt dir Kartoffelschalen auf den Kopf oder reib dich mit Benzin ein. „Zieh dir was an", sagte sie jedoch nur, „und halte es aus. Früher waren die Mücken viel größer, war man zu dünn, stachen sie durch einen durch."

Überraschenderweise kam mein Sohn mit einem Rat, den er aus einem Computerspiel erhalten hatte. „Reib dich mit Bananenschalen ein", meinte er.

Hoffnungslos, wie ich war, überwand ich meine Skepsis Ratschlägen aus Computerspielen gegenüber und tat genau das. Und wirklich – es half. Die Mücken blieben weg. Irgendwie konnten sie den Bananengeruch nicht leiden. Wie an einem unsichtbaren Schutzschild prallten sie einen halben Meter vor mir ab. Ich war der glücklichste Mensch der Welt. Ich jubelte und tänzte bei der Arbeit – bis ich von einer Bande Affen gebissen wurde, die aus dem Zoo geflüchtet war.

„FEIER" GIBT ES NICHT

Bestimmt wollen Sie gern wissen, was ein Afterkind ist, der Abhub, die Brast, der Eidam, die Gäspe, die Geburtsgeile, der Oberstrich, die Quarre, der Scheidekünstler, die Uchse und der Umschattige. Und sogleich werden Sie feststellen, wie doppeldeutig Ihre Gedanken sind und, ja, schmutzig.

Ich sag Ihnen jetzt erst einmal, was diese Worte *nicht* bedeuten. Das Afterkind zum Beispiel ist nicht die kleine, freche Göre vom Nachbarn, auch wenn der Wortteil „After" ganz gut zu ihm passen würde, selbst wenn das neudeutsch etwas anders ausgedrückt wird. Der Abhub hat auch in keiner Weise etwas damit zu tun, was mit der reichen Nachbarin von gegenüber in den drei Wochen geschehen ist, in denen sie in einer Privatklinik war und vier Konfektionsgrößen verloren hat. Des Weiteren ist die Brast nicht das, was man sieht, wenn ein Dokumentarfilmer betagte weibliche Eingeborene ins Kameravisier genommen hat. Der Eidam ist keineswegs eine neue Idee, um das Ostergeschäft anzukurbeln. Die Gäspe entstammt nicht der Feder eines abgehalfterten Komikers, der auf Kosten des sächsischen Dialektes neue Tiere erfindet. Die Geburtsgeile ist auch keine Frau, welche, einmal auf den Geschmack gekommen, nicht mehr aufhören kann mit dem Kinderkriegen. Auf dem Oberstrich ist es auch völlig unmöglich, besonders teure Nutten abzuschleppen, selbst wenn man mit dem *Ferrari* kommt. Die Quarre hat nichts mit der Pampe zu tun, die es einmal im Monat in der Kantine gibt und die aussieht wie etwas, das schon mal jemand gegessen hat. Der Scheidekünstler … Na, ich hab ja gewusst, was Sie denken! Nein, das ist kein besonders geschickter Mann, der schafft, was Millionen von Männern bei ihren Frauen längst nicht mehr auf die Reihe kriegen. Und die Uchse ist auch kein besonders verdorbenes Stück Unterwäsche, deren Anblick einem die Knie weich werden lässt, wobei ich mit verdorben wirklich *verdorben* meine, so wie *nicht mehr nutzbar*. Und beim Umschattigen handelt es sich keineswegs um einen dieser Politiker, die keiner leiden kann, die aber mangels besserer Alternativen trotzdem gewählt werden.

Na, ich will Sie nicht länger auf die Folter spannen.

Das Afterkind ist einfach ein mit der Zeit untergegangenes Wort für ein unehelich gezeugtes Kind. Der Abhub sind die Speisereste gewesen, die man von fürstlichen Tafeln abräumte. Brast als ausgestorbenes Wort für *Sorge* und *Gram* könnte ich mir im heutigen Sprachgebrauch der Jugend gut vorstellen. Der Eidam ist ganz banal ein Schwiegersohn gewesen, die Gäspe erstaunlicherweise eine Maßeinheit, die soviel bedeutet wie das, was man in zwei hohle Hände bekommt. Für die Geburtsgeile reicht oft eine hohle Hand, denn das waren einmal die Hoden. Der Oberstrich langweiligerweise nichts weiter als ein Apostroph. Die Quarre dagegen kommt der gefühlsmäßigen Definition des Afterkindes sehr nahe und bedeutet tatsächlich *Schreihals* oder *Plagegeist*. Seltsam, warum das Wort wohl ausgestorben ist? Es kommt mir bei genauerem Nachdenken sehr passend vor. Der Scheidekünstler war ein Chemiker oder ein Alchimist, was damals keinen großen Unterschied machte, und die Uchse nur ein altes Wort für die Achselhöhle. Als Umschattiger hingegen wurde ein Polarkreisbewohner bezeichnet.

Warum tue ich Ihnen so etwas an, fragen Sie sich jetzt bestimmt.

Weil ich es kann, sage ich Ihnen. Und weil ich Ihnen natürlich etwas Gutes tun will. Und weil ich mir mal das Buch *„Lexikon der untergegangenen Wörter"* gekauft habe. Ja, solche Bücher habe ich wirklich zu Hause. Doch ich wollte Sie nicht ärgern. Ich brauchte nur einen Aufhänger, um in folgende kleine Geschichte einzusteigen, die – wie Sie zum Schluss bemerken werden – keine besonders ausgereifte Pointe hat.

Wie Sie gerade lesen konnten, stammen diese genannten Wörter aus besagtem Lexikon. So erstaunlich es manchmal auch klingen mag, aber sie alle waren einmal in Verwendung und es hatte nichts Seltsames an sich, sie im täglichen Sprachgebrauch zu nutzen. Sie fielen einfach der Zeit zum Opfer, der Sinnverschiebung oder der Aufklärung – oder sie waren einfach nur Euphemismen, Umschreibungen also, die dazu dienten, den wahren Sinn eines Wortes zu verschleiern. So wie man sagt *„gefallen"*, als wäre Betreffender einfach nur gestolpert und auf die Gusche gefallen, oder *„beim Feind geblieben"*, weil es dort so schön war und man mit den Burschen super Skat spielen konnte, anstatt *„totgeschossen"* sagen zu müssen oder *„zerfetzt"* oder wenigstens *„gestorben"*.

All diese Worte hatten also einmal ihren Sinn und ihre Zeit. Ganz im Gegensatz zu folgendem Wort. Dieses existiert zwar und wird noch lange existieren, doch es bezeichnet etwas, was es gar nicht gibt. Es ist also vollkommen nutzlos. Es sei denn, man würde es in die Kategorie Euphemismus einordnen. Dieses Wort heißt *„Feier"*.

Nun, ich könnte mir vorstellen, dass Sie jetzt ein wenig

verwirrt aus der Wäsche schauen. Ich kann es Ihnen gar nicht verübeln, Sie sind ja mit diesem Begriff aufgewachsen und glauben genau zu wissen, was *Feier* oder *feiern* bedeutet. Es bedarf eben Menschen wie mir, Sie über solche Umstände aufzuklären …

Sagen Sie mir: Was ist eine Feier?

Eine Feier ist eine … man … also, man zieht sich schick an … man … also, da wird …

Es ist schwer? Nein, ich sage Ihnen: Es ist unmöglich! Man zieht sich schick an, bindet sich einen Schlips um, setzt einen Hut auf, trägt Schuhe mit hohen Absätzen, enge Kleider, was weiß ich. Aber all diese Dinge haben eines gemeinsam: Sie sind unbequem. Dazu kommt noch, dass man sich rasiert, schminkt, kämmt, parfümiert, ohne recht zu wissen, warum. Nur mit dem vagen Gefühl im Bauch, dass es eben sein muss. Dann fährt man irgendwo hin, wobei man damit rechnen muss, in Bus und Bahn angeglotzt zu werden, denn mit dem eigenen Wagen fährt man nicht, da Alkohol ausgeschenkt werden könnte und man davon nichts verpassen will. Dann kommt man an – und schon jetzt schmerzen die Füße, der Rücken und der viel zu enge Bund der Hose, weil sie in den letzten drei Jahren im Schrank eingegangen ist. Man begrüßt ähnlich aufgetakelte Gäste, wird eingelassen, dann steht man und wartet oder sitzt und wartet oder läuft beim Warten ein wenig herum, grüßt Leute, von denen man glaubt, sie bei der letzten Feier gesehen zu haben, und die blicken so verwundert drein, dass man sich augenblicklich sicher ist, sich geirrt zu haben, und sich peinlich berührt verdrückt. Oder man überlegt, ob es möglich wäre, noch einmal zur Toilette zu gehen, und mit jeder Minute wächst die Wahrscheinlichkeit, dass ausgerechnet in dem Moment die Feier losgeht, wenn man sich entschließt, doch noch mal aufs Klo zu verschwinden.

Dann kommt der große Augenblick: Die Feier beginnt. Man hört sich Reden an. Jemandem wird gehuldigt, jemand wird geehrt, getraut, beweint, geadelt, befördert oder was es noch so gibt. Alles Dinge, die einem – gelinde gesagt – am Arsch vorbeigehen, denn der Stuhl ist unbequem und der Blasendruck wächst, ein Niesen schleicht sich die Nase hoch. Außerdem hat irgendein Idiot gestern Abend Knoblauch in sich reingeschaufelt – und das Schlimmste daran ist, man selbst könnte dieser Idiot gewesen sein. Das ist keine Feier, das ist Quälerei, denn niemand amüsiert sich wirklich, nicht einmal der Geehrte. Es sei denn, es handelt sich um eine Begräbnisfeier, dann ist derjenige fein raus.

Und je größer diese sogenannte „Feiern" werden, desto mehr Leute sind außerdem im Hintergrund damit beschäftigt, sie ordnungsgemäß in Gang zu halten. Mit militärischem Drill werden Zeitpläne abgerufen, Redner auf die Bühne gestoßen oder heruntergezerrt, werden Catering-Angestellte gemaßregelt, wenn der Sekt nicht kalt genug ist oder zu spät eingeschenkt wird. Es mag sogar sein, dass gewisse Individuen, die sich nicht ganz akkurat an die Kleiderordnung halten, aus dem Saal entfernt werden. Und bei ganz großen Veranstaltungen sind möglicherweise mehr Leute mit Organisieren, Kochen, Backen, Reinigen, Abriegeln, Beleuchten und Einweisen beschäftigt als Gepeinigte, ich meine ... *Gäste* geladen sind, und man fragt sich, wer eigentlich beschissener dran ist.

Nun sitzt man also da, hört schon längst nicht mehr zu, beginnt zu klatschen, wenn die Claqueure klatschen, und muss zusehen, rechtzeitig wieder aufzuhören. Außerdem muss man husten und der Niesreiz steigert sich zu etwas, was einem die Lebensfreude raubt. Man beginnt sich zu fragen, was man vorgestern eigentlich zu Mittag hatte, wer als nächstes Geburtstag hat, man beginnt Muster zu zählen oder Lampen oder die Blätter der Grünpflanze, man versucht hohe Zahlen zu multiplizieren, einfach nur, um sich abzulenken, und die Option, einen Ohnmachtsanfall oder einen Blinddarmdurchbruch vorzutäuschen, rückt von weiter Ferne in immer greifbarere Nähe.

Endlich ist jemand fertig mit seiner Rede und alle klatschen begeistert, doch schon wird der Nächste auf die Bühne gestoßen und man blickt nach oben und fragte sich, ob die Gefahr besteht, dass der riesige Kronleuchter abstürzt und ob man es schafft, in diesem Falle rechtzeitig unter denselben zu gelangen. Verzweifelt schaut man sich um und erkennt, dass selbst die hartgesottensten Feierer schon mit dem Zeigefinger am Hemdkragen zerren und unwohl den Hals verrenken, was einem die letzte Hoffnung raubt, lebend hier rauszukommen. Der eine oder andere Blutstropfen quillt aus zu engen Schuhen, leichter Uringeruch breitet sich aus, da es jemand nicht mehr aushalten konnte und es gemacht hat wie in einem bayrischen Bierzelt. Manche scheinen noch geduldig, halten still, doch bald erkennt man, dass sie wirklich ohnmächtig geworden sind, diese glücklichen Bastarde.

Und schließlich ist das Gerede vorbei und alle dürfen sich erheben. Doch anstatt sich zur nächsten Bar aufzumachen oder das Büffet zu plündern, bleiben sie zum Smalltalk stehen, der Konventionen wegen, weil man niemanden vor den Kopf stoßen darf, obwohl man gerade das möchte, und niemand wirklich etwas Gehaltvolles zu sagen hat.

Warum also impliziert das Wort „*Feier*" etwas Angenehmes, Großartiges, wenn es doch nur Quälerei ist? Feierlich ist es doch längst nicht, wenn man all die Frauen sieht, eingezwängt in bunte Gardinen – und mal im Ernst: Was für ein lächerliches Teil ist denn ein Schlips?

Ich sag Ihnen, warum sich das Wort so hartnäckig hält. Wegen des Besäufnisses danach, wegen der Drogen und des wilden Sex mit Unbekannten auf Toiletten, wegen der Bewusstlosigkeit, des Blackouts und des vagen Gefühls, das einen beschleicht, auf einer ganz großartigen Feier gewesen zu sein, wenn man am nächsten Tag auf der Polizeiwache oder im Krankenhaus erwacht. Aber das war nur die Party danach, denn eine „*Feier*" gibt es nicht.

NICHT MEHR ALLE
LÖCHER IM KÄSE

Schweizer haben kaum Platz, wissen Sie, deshalb sollten Sie sich darauf gefasst machen, eine Vollbremsung hinzulegen, wenn Sie eine Autobahnraststätte anfahren wollen. Weiterhin sollten Sie sich einen *Ferrari* zulegen, bevor Sie die Schweiz besuchen, hatte ich vergessen, das zu erwähnen? Denn genauso kurz wie die Abfahrten sind auch die Auffahrten. Etwa sieben Meter im Durchschnitt. Sie brauchen also die Beschleunigung einer Rakete, um sich wieder sicher in den Verkehr einfädeln zu können. Sofern man die Worte „*sicher*" und „*Rakete*" irgendwie miteinander in Kombination bringen kann, ohne sich dabei lächerlich zu machen.

Das mit dem Einfädeln ist auch so eine Sache, musste ich feststellen. Das gibt es nämlich nicht auf Schweizer Autobahnen. Entweder man drängt sich ganz in Manier der freien Marktwirtschaft, blinkend oder nicht, in die Spur, die man benutzen möchte, um nach Bern zu gelangen, oder aber man ist freundlich und zurückhaltend, hat genügend Zeit und wartet ab, wo einen die Autobahn hinspült. Genf oder Zürich sollen ja auch ganz schön sein.

Also wieder einmal, und das passiert mir öfter als gedacht, muss ich mich von einem Bild, das ich mir einmal gemacht habe, verabschieden und akzeptieren, dass ich vollkommen falsche Vorurteile im Kopf hatte. Wahrscheinlich ist es also mein Problem, wenn ich glaubte, die Schweizer wären sauber, freundlich und irgendwie noch deutscher als deutsch und man würde verhaftet, wenn man auf die

Straße spuckt, aber das war in Singapur. Nein, es ist nicht meine Schuld, dass ich falsch über Engländer, Australier, Chinesen und Schweizer denke, denn jemand suggerierte mir offenbar Bilder, die mich so denken ließen.

Ich bin übrigens an gar nichts schuld, hab ich mir gerade überlegt, das ist nämlich viel einfacher, als sich ständig den Kopf zu zerbrechen.

Es dauerte jedenfalls nicht lange, bis ich mich an die Gepflogenheiten auf der Autobahn gewöhnt hatte. Ich drängelte wie ein Eskimo mit Durchfall, hupte, zwängte und pressierte so sehr, dass man mir nach nur einer halben Stunde schon die Schweizer Staatsbürgerschaft antrug. Ich lehnte feierlich ab und flitschte wie ein gut angefeuchtetes Zäpfchen durch ein gutes Dutzend Tunnel.

Mannomann, dachte ich, *das können sie, Tunnel bauen! Seltsam nur*, dachte ich weiter, *dass sie es bei uns nicht auf die Reihe kriegen.* Haben einen Tunnel gebaut und dieser wird seit etwa zehn Jahren gewartet, ist dauerhaft halbseitig gesperrt, nässt und reißt und es würde mich nicht wundern, wenn er irgendwann einen Katheder verpasst bekäme.

Dann erreichte ich die Stadt der Städte. Zumindest in der Schweiz.

Nein, ich denke, nicht einmal da.

Bern.

Bern ist wirklich ein hübsches kleines Städtchen und wenn ich bis dahin noch keinen Kulturschock erlitten hatte, dann ereilte er mich mit dem Passieren der Stadtgrenze. Ich stand im Stau. Einfach so. In Bern. Ich meine, ich dachte, in Berlin, okay, in New York oder Mexico City, aber doch nicht in Bern. Schnell stellte ich fest, dass dieser Stau offenbar nur wegen eines kleinen Engpasses entstanden war, an dem die von rechts kommenden Fahrzeuge in die linke Spur und die von links kommenden in die rechte Spur wollten. Ich meine, ein einem zivilisierten Land wie China oder Vietnam oder Burma, da wäre das wohl reibungslos abgelaufen, die Fahrzeuge wäre ineinander verschwommen und hätten sich wieder aufgelöst und die Toten wären am Ende des Tages an den Straßenrand gefegt worden. In anderen Ländern, zum Beispiel den USA, hätte man einfach eine Straße über die andere gebaut. Selbst in Deutschland – wo zwar jeder stolz auf den anderen ist, jedoch nicht auf den, der vor dir in deine Spur wechseln will –, selbst da hätte das funktioniert. Zähneknirschend hätte man das Reißverschlusssystem akzeptiert, hätte es höchstens zum Anlass genommen, auch mal am Montag spazieren zu gehen, um zu zeigen, wie scheiße man das findet. Hier aber, in der Schweiz, in Bern, da waren die Leute so verbissen, fuhren blitzschnell auch noch die kleinste Lücke zu, dass bald gar nichts mehr ging und die Schlange nur dann vorrücken konnte, wenn man sich rücksichtslos vordrängelte. Hätte immer einer den anderen reingelassen, man hätte dazu nicht einmal stehen bleiben müssen, nur kurz den Fuß vom Gas nehmen, Blinker setzen, Gas geben, Spur wechseln. Aber das schien hier niemand zu verstehen, wirklich nicht. Und als ich ihnen vormachte, wie es ging, ohne stehen zu bleiben eine Lücke offen ließ, damit gleich drei, vier, fünf Fahrzeuge die Spur wechseln konnten, zeigten mir nicht nur die Leute in den Wagen hinter mir einen Stinkefinger oder einen Vogel, sondern auch die, die ich durchgelassen hatte.

Und dann Bern – ich meine, wie gesagt, irgendwie dachte ich, es wäre deutsch im Quadrat, doch es war italienisch im Dreieck. Oder sagen wir: südländisch. Ich kann es nicht beschreiben. Ein wüstes Halligalli auf den Straßen der Innenstadt und wieder diese unverschämten Autofahrer, die nicht einmal hielten, wenn man an einem Fußgängerüberweg stand. Ich habe jedoch beobachtet, wie es die Einheimischen taten: Die liefen einfach los und jedes Auto hielt. Mit Notbremsung. Irgendwie, aber sie hielten. Ich versuchte es selbst und ja, wunderbar, es funktionierte. Man musste nur loslaufen.

Und an dieser Stelle sogleich ein Hinweis: Versuchen Sie das nicht in London und auch nicht in Paris, auch nicht in Dresden. Eigentlich nirgendwo – außer in Bern.

Wenn ich ein Bein nur leicht anhob, hielten die Autos. Es war herrlich! Was konnte man damit für einen Blödsinn anstellen. Was ich natürlich nicht tat … Zum Beispiel nur so zu tun, als ob man die Straßenseite wechseln möchte, um sich dann wegzudrehen, als hätte man es sich anders überlegt. Um jedoch augenblicklich wieder auf die Straße zu treten. Hab ich natürlich nicht gemacht …

Was mir weiterhin ins Auge stach, waren die Büchsen. Nicht die Flinten, denn davon gibt es auch genug in der Schweiz. Jeder Dritte hat wohl eine daheim, sodass die Eidgenossen schnell nach Hause fahren können, um sich zu bewaffnen, falls jemand so dumm sein sollte, die Schweiz anzugreifen. Na, stellen Sie sich den Stau vor, wenn die alle gleichzeitig heim wollen! Da müssten sich die Angreifer wohl erst mal gedulden, ehe es zu ernsthafteren Gefechten käme. Aber mal davon abgesehen: Wer ist schon so doof und raubt seine Bank aus? Und wahrscheinlich, überlege ich mir gerade, gäbe es erst ein Referendum, bei dem entschieden würde, ob es sich denn lohne, das Land zu verteidigen, denn hier wird die direkte Demokratie ausgeübt, also eine direkte Wählerentscheidung über verschiedenste

Belange. Das, was sich bestimmte Gruppen hierzulande so sehr wünschen, weil sie in ihrer naiv-sympathischen Selbstüberschätzung glauben, sie würden das Volk vertreten. Erstaunlicherweise entscheiden die Schweizer — soweit ich erfahren habe — im Sinne humaner, weltoffener Mitteleuropäer meist gegen aus- und abgrenzende Maßnahmen. Das müssten man ein wenig mehr publik machen.

Doch hab ich nicht eigentlich gerade über Büchsen geredet? Ich schweife immer ab ... Die Bierbüchsen meinte ich natürlich. Was haben wir uns nicht damals das Maul zerrissen, wie das so ist in Deutschland, wenn jemand etwas verändert. *Das wird nix,* haben alle geschrien. *Wie soll das gehen?* Büchsenpfand und überhaupt, welchen Sinn hat das, außer dass es der Umwelt nützt?

Tja, in der Schweiz habe ich gesehen, was es nützt, denn dort pfeffert man seine Büchsen lässig in die Ecke, wenn sie leer sind (oder auch nicht leer), oder lässt sie fallen, wo man gerade steht. Da bekommt man wieder ein Gefühl davon, wie es früher mal ausgesehen hat in unseren Städten. Ich bin direkt ein bisschen wehmütig geworden ...

Zur Sprache, ja, da gibt's nicht viel zu sagen. Ich habe natürlich nichts verstanden. Doch, aber nur dann, wenn sich die Schweizer erbarmten und deutsch sprachen. Richtiges Deutsch! Ich meine, sie können es doch, warum sprechen sie es nicht immer gleich richtig?

Was meinen Sie? Ich käme auch aus Sachsen? Ja, und? Was soll das jetzt bedeuten?

Nun, einmal setzte ich mich in ein Restaurant und ein Kellner kam angewetzt. „Bsessi?, fragte er.

„Bitte?", fragte ich zurück.

„Bsessi?"

„Ich kann Sie nicht verstehen."

„B-S-E-S-S-I?", sagte er laut und deutlich.

„Äh … ja?"

Er war zufrieden und zog ab. Kurz darauf tauchte er mit der Karte wieder auf und alles ging seinen Gang.

Da hab ich also alles richtig gemacht, dachte ich.

Bsessi. Bsessi. Bsessi. Was das wohl zu bedeuten hatte? Das ließ mich die nächste Stunde nicht los. Wollen Sie was essi? Ossi oder Wessi? Bargeld vergessi? Ob ich besessen bin? Ich kam nicht drauf. Vielleicht war es auch nur ein Gruß?

Ich probierte es gleich aus. Jemand kam und setzte sich an den Nebentisch. Ich beugte mich ein wenig hinüber. „Bsessi!", sagte ich und die Leute schüttelten den Kopf, als hätte ich gefragt, ob ich die Handtasche der Frau als Toilette benutzen dürfe.

Ich lehnte mich zurück und grübelte weiter, ich aß und grübelte, trank und grübelte. Und dann fand ich es heraus. Nämlich, als mir die Rechnung gebracht wurde.

Bsessi heißt: Das ist ein Test, ob du ein Ausländer bist, und zwar einer von der Sorte, die es nicht wagen, nachzufragen, warum die Rechnung so überzogen ist. Ich hob schnell meinen Arm und winkte den Kellner heran.

„Rüteli hupsali Hütli knarzi züttli hegeli?", fragte er.

„Ich wollte fragen …"

„Bsessi?

„Was?"

„Bsessi?"

„Äh … ja?"

Er nickte, eilte fort und brachte mir die Karte. Ich war so frustriert, Sie können es sich gar nicht vorstellen. Vor

lauter Wut und vor allem weil mir die ganze Situation peinlich war, bestellte ich noch einmal und verließ das Restaurant nach zwei Stunden nicht nur mit Kopf-, sondern auch
mit Bauchschmerzen.

Was noch?

Im Stadtzentrum erwartete mich ein Fest. Also, zuerst
dachte ich, dies gelte mir, denn ich war da, um eine Lesung zu halten, und bei mir zu Hause hielten die Leute
es durchaus für angemessen, ein Festival für mich zu gestalten. Bald bemerkte ich jedoch, dass eine ganze Menge
Leute mit Mannschaftstrikots der *Young Boys Bern* durch die
Gegend liefen. Ich mag mich ja täuschen, doch ich meine
zu wissen, die *Young Boys Bern* sind eine Fußballmannschaft,
warum dann die meisten Trikots vom Schnitt her aussahen
wie beim Eishockey, kann ich mir nicht erklären. Vielleicht
sind es ja dieselben Burschen? Spielen im Sommer Fußball
und im Winter Eishockey. Das würde erklären, warum sie
in beiden Sportarten nicht ganz oben mitspielen.

Die *jungen Jungen* aus Bern jedenfalls waren Schweizer
Meister geworden und deshalb widmete man ihnen einen
Umzug. Das bedeutete, die Leute marschierten eine etwa
dreihundert Meter lange Straße durch das schöne Altstadt-
viertel hinab, um dann – dem Mannschaftsbus folgend –
die Straße wieder hinauf zu laufen. Ein bisschen peinlich
war das schon, denn ich glaube sogar, der Bus ist vorher
rückwärts hinuntergefahren worden. Nun fuhr er also in
gemächlichem Tempo die Straße wieder hinauf, achtund-
siebzig Fans folgten dem Gefährt und die restlichen Berner
(etwa zweihundertvierundneunzig) säumten den Straßenrand und sangen etwas wie: *„Schweizer Meister, bumm, bumm,
bumm! Schweizer Meister, bumm, bumm, bumm!"*

Sie waren allesamt ganz glücklich, was mich ja immer wütend macht.

„Das interessiert doch keine Sau!", schrie ich.

Interessiert doch wirklich keinen, hab ich recht?

Jedenfalls hetzten die sogleich ihre Hooligans auf mich, das fand ich echt fies, denn die waren allesamt kaum älter als acht und ich wurde leicht mit ihnen fertig.

Zwei wunderbare Brücken, die die Altstadt mit dem Umland verbinden, gibt es in Bern, da die Aare, ein ziemlich gelber, sehr stark strömender Fluss, eine wunderbare Kurve um den Fels schlägt, auf dem die Altstadt steht. Ich bin mehrmals über die Brücken hinweggegangen und es imponierte mir schon, wie tief es da hinabging. Und es erstaunte mich kein bisschen, dass ich ein gespanntes Netz vorfand sowie ein Schild mit einer warnenden Hand und den Zeilen: *„Lassen Sie uns darüber reden!"* Oder so ähnlich.

Ich meine, die Tiefe, wissen Sie ... Selbst wenn man es gar nicht vorhat, wenn alles glatt läuft im Leben, alle gesund sind, das Geld stimmt und die Frau sich wenigstens ab und an mal zu gemeinsamen sportlichen Aktivitäten überreden lässt, selbst dann zieht einen die Tiefe irgendwie magisch an und man erwischt sich bei dem Gedanken an einen gepflegten Selbstmord. Einfach nur mal um zu sehen, wie das ist, da runterzusegeln.

Nun gut, wenn sie sich schon auf der Straße wie Arschlöcher benehmen und sogar ihre Bezahlparkplätze nummerieren, um es wahrscheinlich zu erschweren, dass man freundlicherweise seinen nicht aufgebrauchten Parkschein an jemand anderen weitergibt, so bemühen sie sich doch offenbar um ihre Bevölkerung. Wahrscheinlich, weil es von denen nicht allzu viele gibt. Bei uns in Deutschland würde man doch bestenfalls ein Schild vorfinden, auf dem steht: *„Vor Betreten des Geländers bitte Schuhe ausziehen."*

Dann aber lief ich ein Stück weiter und irgendwann war das Sicherheitsnetz zu Ende. Ich sah nach unten und mir war alles klar: Hier standen keine Häuser mehr, sondern strömte nur reißend der Fluss. Er würde alle Leichen schön mit sich nehmen, in den Rhein spülen und in Köln an Land werfen, wo sie dann einfach den üblichen Karnevalsopfern zugerechnet würden. Das passte dann wieder in mein neues Bild von den Schweizern. Vor allem, nachdem ich Geld geholt hatte am Automaten und feststellen musste, dass ich ebenso viel Gebühr bezahlt wie ich Geld abgehoben hatte, wunderte es mich kein bisschen, dass man nun an insgesamt zweihundert Metern Netz sparte.

Und noch was: Berner Würstchen gab es hier gar nicht. Keiner kannte sie. Wieder so eine Sache. Ich dachte echt mein Leben lang, die Berner verputzten am Tag zehn Stück davon oder so. Aber nichts da. Ich mag so etwas nicht. Ich meine, worauf soll man sich verlassen, wenn man in Wien keine Wiener Würstchen, in Frankfurt keine Frankfurter und in Berlin keine Berliner haben kann? Und reden wir gar nicht erst von Paris! Aber dafür hatten sie Bären. Echte. In einem Gehege. Weil der Name der Stadt von „Bär" abgeleitet worden sei. Keine Ahnung, ob ein Bär mal versuchte, von der Brücke zu springen, oder ob er damals vielleicht alle Berner Würstchen samt Rezept verputzte – ich jedenfalls fand es langweilig. Bern. Ich würde den Leuten erzählen, das gesamte Gebirgsmassiv bestünde aus Bernstein. Ob das stimmt, ist doch egal heutzutage. Es geht um die Legende – und sagen Sie ehrlich, was ist legendärer: ein Haufen Bernstein, selbst wenn man ihn nicht findet, oder ein paar schnöde Bären, die sich in ihrem Gehegen gelangweilt die Genitalien kraulen?

Vor der Lesung mahnte mich übrigens der Veranstalter (der kam aus Zürich und es war ihm eine Ehre, mich zu verköstigen; das Mahl für meine freundliche Begleiterin jedoch konnte er sich nicht leisten), jedenfalls sagte er, wenn man schon meinte, die Schweizer wären langsam (wäre ich angesichts der Verkehrssituation nie drauf gekommen), dann müsse man wissen, dass die Berner in der Schweiz als die Langsamsten galten.

Wie ich mich denn da verständigen sollte, fragte ich.

Die Veranstaltung lief eigentlich ganz gut. Sie dauerte nicht zu lange, eine Stunde etwa, alle haben geklatscht und schienen mich auch verstanden zu haben.

„Indem Sie einfach schön deutlich sprechen", erwiderte der Veranstalter.

Zum Schluss nun noch etwas, was überall hätte geschehen können: Ich saß wieder in einem Restaurant, hatte das übliche Bsessi-Spiel hinter mir, was zur Folge hatte, dass ich das Gleiche aß und trank wie beim letzten Mal, und beobachtete einen jungen Mann, der sein Baby ausführte. Er drapierte es in einem Kinderstühlchen, bestellte ein Brötli und ein Salatli und ein Weinli – und ich bin mir sicher, der Kellner hatte ihn nicht nach Bsessi gefragt. Nun fand besagter junger Mann das ganze Szenario offenbar fotowürdig. Sein Baby mümmelte genüsslich an dem Brötli, der Wein war da und der Salat sah lecker aus (ja, das habe ich jetzt wirklich geschrieben). Also knipste er, um das Bild gleich an alle Welt zu senden. Na, Sie wissen schon … Dann betrachtete er das Bildli und es war gut, sage ich

Ihnen, ausreichend allemal. Aber nö, er rückte das Baby zurecht, Weinli, Salatli und Brötli machte er ansehnlicher, indem er das ganze durchgeweichte Zermatschte abriss. Und wieder knipste er. War noch nicht zufrieden, rückte, schob, drapierte, knipste, wiegte nachdenklich den Kopf. Wieder schob er, ruckelte, zupfte, schminkte, polierte, knipste. So setzte sich das fort, bis er mit seinem Tisch und den Stühlen beinahe aus dem Restaurant hinausgerutscht wäre. Die Miene des Babys hatte sich verständlicherweise — proportional zu meinem gesteigerten Vergnügen — in eine teuflische Fratze verwandelt und als der Typ zum letzten Mal das Brötli zurechtmachen wollte, biss ihm das Kind in den Finger. Hätte der Trottel das gefilmt, hätte er jetzt zehn Millionen Klicks bei *YouTube* und sich eine goldene Nase verdient.

Ist Ihnen das auch schon mal aufgefallen? Sie gehen in ein Konzert, in ein Museum, stehen an der Küste, Sie sehen einen Meteoritenschauer — und überall sind ganz viele Menschen und betrachten ebenfalls das Ereignis. Doch sie betrachten es nicht mit eigenen Augen, sie betrachten es durch ihre Smartphones und ihre *iPads*, sie achten darauf, dass alles gut gefilmt wird, doch wirklich dabei sind sie nicht. Außerdem ist es doch wirklich irre, wenn man sich vorstellt, wie viele ähnliche oder fast gleiche Bilder und Filme dann zur selben Zeit bei *YouTube* hochgeladen werden. Ich habe mir das wirklich abgewöhnt. Lieber lasse ich einen Moment unfotografiert verstreichen, bin lieber da, anstatt mir eines Tages die Bilder anzusehen und mir zu wünschen, ich wäre dabei gewesen. Hätte der Kerl seinen Wein getrunken, seinen Salat gegessen und sein Kind das Brötchen mampfen lassen, wäre es für ihn wahrscheinlich einer der schönsten Tage der letzten sechs Monate geworden und wahrscheinlich auch der kommenden achtzehn Jahre.

Auf dem Heimweg ließ ich noch einmal alles Revue passieren, flitschte wieder durch die prima ausgeleuchteten Tunnel – und da erhaschte ich einen Blick auf die Fahrzeuge einer Tunnelbaufirma. Es war eine kanadische Firma mit polnischen Angestellten. Das wunderte mich nicht. Ich nehme an, die einzige Erfahrung, die die Schweizer mit dem Tunnelbau haben, kommt von den armen Kerlen, deren Aufgabe es ist, die Löcher in den Käse zu puhlen …

An der Grenze zu Deutschland hielten mich dann die Grenzer an.

„Suchen Sie nach Bargeld?", fragte ich und erntete herzhaftes Gelächter. Die liefen einmal um den Wagen herum und winkten mich dann weiter. Als ich die Hand zum Abschiedgruß hob und „Bsessi!" rief, hielten sie mich fest, fragten mich, ob ich direkt aus Bern käme, und wollten wissen, was dies zu bedeuten hätte.

Ich konnte ihnen nicht helfen, deshalb zeigte ich auf einen imaginären Punkt weit hinter ihnen und sagte: „Da!"

Als sie sich wieder zu mir herumdrehten, war ich längst in Sachsen.

DER AUTOR

Frank Goldammer wurde 1975 in Dresden geboren, wo er noch immer lebt. Mit Anfang zwanzig begann er zu schreiben und hat bis heute mehrere Romane, Krimis und Kurzgeschichten veröffentlicht.

Das zweiteilige utopische Epos „*Feldwebel*" war seine erste Veröffentlichung im *Dresdner Buchverlag*.

ISBN: 978-3-941757-35-6 sowie 978-3-941757-41-7

Im Herbst 2014 wurde sein Paranormal-Dresden-Thriller „*Vergissmeinnicht*" als Taschenbuch bei *EDITIA* (Imprint des *Dresdner Buchverlages*) herausgegeben.

ISBN: 978-3-943450-26-2

Im Herbst 2015 schließlich folgten zwei Bände mit Alltagssatire bei *zwiebook*.

ISBN: 978-3-943451-20-7 sowie 978-3-943451-21-4